섬기는 하나님의 사람

집사와 권사

개정판

기독교대한감리회 교육국 엮음

kmc

차 례

이 책에 나오는 『교리와 장정』에 관한 내용은 최신판을 참고하시기 바랍니다.

집사 · 권사 과정 교육

기독교대한감리회『교리와 장정』에 따르면, 신천집사와 신천권사는 아래와 같은 과정고시를 거쳐야 한다.

제10편 과정법

제1장 집사 과정

제1조(집사과정) 신천집사로 천거받은 이는 아래 과정고시에 합격하여야 한다.

① 신약 개요

② 구약 개요

③ 감리교회의 역사

④ 집사의 직무

제2장 권사 과정

제2조(권사과정) 신천권사로 천거받은 이는 아래 과정고시에 합격하여야 한다.

① 과정고시 과목

1. 신약(복음서)
2. 구약(오경)
3. 감리회 교리와 의회제도
4. 권사의 직무

② 지방회 사경회 6년급 전 과정을 수료한 이는 증서를 제출하면 과정고시를 면제한다.

③ 타 교파에서 이명하여 온 안수집사는 권사로 받되 신천권사 과정을 이수하게 한다.

④ 과정고시는 담임자가 하되 과정고시위원을 선정하여 위임할 수도 있다.

집사 과정

1

신약 개요

구약 개요

감리교회의 역사

집사의 직무

신약 개요

1. 신약성서는 어떤 문헌인가?

신약성서는 총 27권으로 구성된 책이다. 각각의 성서들은 예수 그리스도께서 인류를 구원하시기 위해 행하신 활동과 말씀을 기본으로 하며, 그분을 그리스도로 믿은 이들이 썼다. 27권 성서의 저자와 기록 연대는 모두 다른데, 예수님의 십자가 죽음과 부활 이후 50년경부터 100년경 사이에 대부분 기록되었다.

27권의 성서들은 성격상 네 부분으로 나눌 수 있다. 첫째는 제일 앞부분에 나오는 네 권의 복음서들이다. '복된 소식의 책'이라는 뜻의 복음서는 '세상에 구원을 가져오시는 하나님의 말씀'이다. 그중에서 마태복음, 마가복음, 누가복음을 '공관복음서'라고 부르는데, 공관이라는 말은 서로 '같이 본다'라는 뜻이다.

이들 세 복음서는 이렇듯 같이 보기 때문에 예수님의 행적과 가르침의 내용과 순서가 거의 일치한다. 조금씩 다른 부분이 존재하는 이유는, 예수님이 행하신 수많은 행적과 기적, 가르치신 교훈들 중에서 저자 자신이 더 강조하고 싶은 것들을 선택했기 때문이다. 그러나 세 복음서는 모두 예수님이 하나님의 아들이시라는 것과 구원의 메시아라는 사실, 그리고 마지막 날에 다시 오실 것이라는 희망을 밝히고 있다.

반면 요한복음은 같은 복음서에 속하기는 하지만 조금 다른 면이 있다. 공관복음서와 같은 내용도 물론 있지만, 요한복음만의 특별한 기록이 많다. 요한복음은 '예수님이 누구신가?'라는 사실에 집중해 서술하고 있다. 그리고 무엇보다 예수님이 '계시자'라는 사실을 부각시킨다. 계시자이신 예수님은 하나님의 비밀을 알려 주시는 분이며 동시에 하나님 자신이라는 사실을 강조하는 것이다.

그래서 요한복음에는 그리스도께서 어떤 존재인지 명확히 답해 주는 말씀들이 많다. 그분은 '빛'이시고, '길이며 진리이고 생명'이시다(요 14:6). 이 외에도 요한복음에는 예수님의 본질에 대한 비밀이 다양하게 서술되어 있다.

두 번째로 사도행전은 예수님이 부활하신 후 초기 교회의 시작을 보여 주는 문헌이다. 전반부에는 예수님의 열두 제자 중 가장 주도적인 역할을 한 사도 베드로의 선교 활동이 담겨 있고, 후반부는 사도 바울의 선교 모습을 잘 보여준다. 사도행전은 누가복음과 동일한 저자의 글인데, 누가복음에는 예수님에 관한 이야기를 기록하고 사도행전에는 제자들의 이야기를 기록함으로써 누가복음은 전편, 사도행전은 후편이라는 느낌을 준다.

세 번째는 서신서로, 신약성서 27권 중 21권이 서신서이며 복음서 다음으로 중요한 문헌들이다. 그중 13권은 사도 바울이 쓴 편지다. 그는 여러 교회들을 세웠는데, 자신이 세운 교회뿐 아니라 다른 이들이 세운 교회들까지도 지속적인 관심과 기도로 지원하였다. 때로는 격려하고 때로는 나무라기도 하면서 초기 교회가 겪는 여러 문제들에 대해 소통하고 그들이 신앙 안에 굳건히 서도록 가르침을 주었다. 그리고 자신이 직접 방문하기 어려운 상황에서는 편지를 보냈다.

사도 바울의 대표적인 서신은 로마서인데, 그의 신학을 고스란히 담고 있는 이 책을 흔히 '바울의 유서'라고까지 한다. 사도 바울은 그리스도의 십자가와 부활을 통한 하나님의 구원 역사를 '하나님의 의'의 사건, 즉 의롭다고 선언하시는 하나님의 칭의의 사건이라고 말한다. 그는 의로우신 하나님께서 우리를 의롭게 하시려고 그리스도를 보내셔서 십자가 대속의 죽음으로 우리 죄를 사하시고, 그리스도를 다시 살리셔서 우리 또한 부활의 생명으로 옮겨 가게 하셨다고 고백한다.

사도 바울은 이 역사를 믿는 자들은 그리스도의 십자가와 함께 세상에 대해 죽고 그리스도의 부활하심과 함께 하나님을 향해 살아났다고 말한다. 유대인들은 율법을 지킴으로써 구원을 얻는다고 생각했지만 사도 바울은 오히려 율법은 죄를 깨닫게 하고 인간이 오만해지는 수단이 되며, 구원은 오직 그리스도를 믿음으로만 얻을 수 있다고 선언한다.

바울 서신들 외에 행함을 강조하는 야고보서, 베드로 전·후서와 같이 초기 교회 공동체의 여러 사정들을 알게 해주는 중요한 서신들이 있다. 대부분은 초기 교회들이 다양한 신앙의 문제나 공동체를 어지럽히는 문제들에 직면한 상황에서 굳건한 믿음으로 신앙생활을 바르게 할 것을 호소하며 교훈하는 내용들을 담고 있다.

서신들은 삶에서 일어나는 여러 문제들을 그리스도를 믿는 자들이 어떻게 해결해야 하는지를 잘 보여 주고 있다. 그리고 그 내용들은 오늘 우리 삶의 모습과 크게 다르지 않다. 이 때문에 초기 교회를 위한 가르침에서 현재 우리가 겪고 있는 여러 문제들을 해결할 좋은 교훈들을 얻을 수 있다.

네 번째로 신약성서의 마지막 문헌인 요한계시록이 있다. 요한계시록은 핍박과 박해로 고난을 겪고 있는 그리스도인들에게 종말에 대한 약속을 그려 보여 줌으로써 당면한 고통을 잘 이겨내고 신앙을 굳건히 지켜 나가도록 격려하고 있다. 현재의 고통은 미래의 영광과 비교하면 아무것도 아니라고 교훈하며 하나님의 통치가 이루어지는 하나님의 미래, 즉 세상의 마지막에 관한 이야기를 한 편의 드라마처럼 서술하고 있다.

2. 기록 동기와 목적

예수님 자신이 남기신 기록은 없다. 모든 기록은 예수님의 제자들이나 그분을 주로 믿고 따르던 이들에 의한 것이다. 예수님의 십자가 죽음과 부활 이후 제자들은 그리스도께서 곧 재림하실 것이라고 믿었다. 그래서 자신들을 마지막 때의 공동체라고 여기면서 그의 가르침대로 하나님 나라를 전파하며 그때를 기다렸다. 처음에는 예수님의 가르침과 행적을 직접 보고 듣고 체험한 이들에 의해 입에서 입으로 전해졌는데, 이러한 과정을 '구전 전승'이라고 한다. 그런데 고대하던 마지막 때가 도래하지 않은 상태에서 직접 체험한 이들이 하나 둘씩 죽어 가면서 예수님의 말씀과 행적들을 기록해야 할 필요성이 생겨났다.

복음서들을 제대로 읽고 바르게 이해하기 위해서는 이러한 기록 목적을 아는 것이 매우 중요하다. 요한복음 20장 30~31절은 그 목적을 이렇게 밝히고 있다. "예수께서 제자들 앞에서 이 책에 기록되지 아니한 다른 표적도 많이 행하셨으나 오직 이것을 기록함은 너희로 예수께서 하나님의 아들 그리스도이심을 믿게 하려 함이요 또 너희로 믿고 그 이름을 힘입어 생명을 얻게 하려 함이니라."

3. 예수님의 활동 장소와 주변 환경

예수님이 제자들과 함께 활동하신 곳은 갈릴리 지역으로, 호수를 끼고 있는 1,500제곱킬로미터 정도의 작은 땅이다. 2~3일 안에 걸어서 가로지를 수 있는 크기였다. 갈릴리는 남북으로 상부 갈릴리 지역과 하부 갈릴리 지역으로 나뉘는데, 예수님의 고향 나사렛은 하부 갈릴리에 속한다. 나사렛은 히브리어 '나사르(보호하다, 보존하다)'에서 파생된 단어로 '지키는 여인', '보호하는 여인'이라는 뜻이다.

갈릴리 지역에서 중요한 장소로 등장하는 곳이 갈릴리 호수와 가버나움이다. 예수님은 이곳에서 처음으로 제자들을 부르셨다(막 1:16~20). 갈릴리 호수는 여러 다른 이름으로 신약성서에 나타난다. 그냥 단순히 '바다(눅 17:2, 6)'라고 부르기도 하고, '게네사렛 호수(눅 5:1, 2)', '갈릴리 바다', '디베랴 바다(요 6:1)' 등으로 칭하는데 호수 주변의 중요한 도시 게네사렛 또는 디베랴를 따서 이렇게 불렀다고 볼 수 있다.

4. 예수님의 가르침과 활동

예수님은 3년여 동안 갈릴리 지역을 두루 다니며 '하나님 나라'를 선포하시고 회개할 것을 말씀하셨다. 예수님이 선포하신 하나님 나라는 하나님께서 온전히 통치하시고, 하나님의 뜻을 인간들이 온전히 이루어 드리는 나라를 의미한다. 예수님은 하나님 나라를 선포하시면서 동시에 그 나라를 이루기 위해서 애쓰셨다. '하나님 나라'는 하나님의 사랑에서 비롯하는 은혜와 평화의 나라다.

예수님의 말씀과 가르침은 처음에는 많은 사람들의 호응을 얻었다. 수많은 이들이 예수님을 따랐다. 왜냐하면 그분은 이전의 랍비들이나 지도자들과는 전혀 다르게 설교하셨고, 전혀 다르게 가르치셨기 때문이다. 예수님은 유대인들이 율법을 형식적으로만 지키고 하나님에 대해서 전심전력으로 순종하지 않는 것을 비판하셨다. 그리고 몸소 가르치신 말씀대로 사셨다. 또한 예수님이 하신 말씀은 언제나 그 순간 현실에서 그대로 이루어져 많은 치유와 기적들이 일어났다.

이렇게 예수님의 삶 자체가 하나님 나라이며, 우리는 예수님의 삶을 따라서 하나님이 다스리시는 그 나라를 위해 살 것을 명령받은 자들이다. 그래서 예수님은 우리의 '길이요, 진리요, 생명'이시다.

5. 예수님의 십자가와 부활

기독교에서 가장 중요한 개념은 십자가와 부활이다. 예수님이 십자가에 달려 돌아가신 후 그를 따르던 이들은 뿔뿔이 흩어졌다. 그 상황에서 예수님의 시신을 거둔 이는 아리마대 사람 요셉이었다. 그는 빌라도에게 요청해서 예수님의 시신을 가져다가 세마포로 싼 다음 바위를 파서 만든 무덤에 두고 돌을 굴려 입구를 닫았다. 그런데 사흘째 되던 날 예수님을 따르던 여자들이 매우 일찍이 해 돋을 때에 무덤으로 가서 보니 무덤을 막았던 돌이 이미 굴려져 있고 무덤 안에 흰옷을 입은 한 청년이 우편에 앉아 있었다. 그는 나사렛 예수께서 살아나셨다고 전했다.

예수님의 십자가 죽음과 부활은 세상을 살리기 위한 하나님의 사랑의 사건이다. 그래서 사도 바울은 그리스도의 십자가와 부활은 하나님께서 자신의 의를 드러내시면서 세상을 구원하신 사건이라고 말한다. 하나님께서 의롭게 하시기 이전의 세상은 모두 예외 없이 죄의 지배 아래 있었다(롬 1:1~3:20). 여기서의 죄는 인간이 일상생활에서 짓는 소소한 죄부터 큰 죄에 이르기까지 모두를 일컫는데, 각각 나타나는 형태는 다를지라도 그 근본 원인은 하나다. 바로 그가 하나님을 떠났기 때문이다. 인간이 하나님과의 관계를 파기하고 자기 마음대로 결정하면서 살기 때문에 생겨나는 것이 바로 죄이며, 죄는 아담으로부터 시작되어 모든 인류에게 전해졌다.

그러나 예수 그리스도의 십자가와 부활로, 파기된 인간과 하나님의 관계가 회복되었다. 예수를 그리스도로 믿는 자들은 생명의 세계로 옮겨지고 부활을 약속받았다. 이러한 관계 회복을 '하나님과 평화를 누리는 삶'이라고 말한다(롬 5:1).

세례는 우리 자신이 예수님의 죽으심과 같이 세상과 죄에 대하여 죽고, 그리스도의 부활하심과 같이 다시 살아남을 의미한다. 그러므로 그리스도인들의 삶은 "죄에 대하여는 죽은 자요 그리스도 예수 안에서 하나님께 대하여는 살아 있는 자(롬 6:11)"이다.

6. 교회

교회는 헬라어로 '에클레시아'라고 하는데, 이 말은 '하나님 앞에 부름 받은 자들의 공동체'라는 뜻이다. 교회는 그리스도의 몸이며, 교인들은 그 몸의 각각의 지체들이다(고전 12:27). 그곳은 주님의 현존과 역사하심을 경험하는 곳이며, 선택받고 거룩해진 그리스도인들은 예수님의 지체가 되어 자신을 위탁한다. 이렇게 순종함으로 자신을 하나님께 맡기는 것이 믿음이다. 그분의 부르심에 순종할 때 새로운 존재로 거듭나며(요 3:7~8), 과거의 속박에서 벗어나 새로운 삶을 살게 된다.

그리스도를 통해 구약성서에서 말하는 예언이 성취되었고 하나님의 영이 이미 임했으며 그로 인해 그리스도인들은 새로운 피조물이 되었다(그런즉 누구든지 그리스도 안에 있으면 새로운 피조물이라 이전 것은 지나갔으니 보라 새 것이 되었도다, 고후 5:17).

교회는 하늘에 시민권(빌 3:20)을 두고 있고, 그들의 나라는 미래의 것(히 13:14)이다. 그런 의미에서 교회는 세속 사회와는 다른 그리스도의 영이 거하는 공동체로서, 이러한 공동체를 거룩한 공동체라고 말한다.

7. 믿음의 길

우리는 신앙생활을 열심히 하지만 종종 습관적으로 흐르게 되고, 또 자기 믿음에 대해 자만하기 쉽다. 이쯤 하면 되었다고 스스로 인정해 버리는 습관이 있다. 또한 지키라는 것을 잘 지키고, 할 도리도 다하고, 할 만큼 했노라 안도하기 일쑤다. 그러나 무한하신 하나님의 부르심 앞에서는 '할 만큼 했다.' 하고 멈출 수가 없다.

이웃을 위한 희생은 인간으로서는 불가능하다. 내 소유와 권리, 재능과 힘을 나 자신을 위해 쓰지 않고 절제하며 남을 위해 사용하는 것은 누구나 할 수 있는 일은 아니다. 사랑은 받아본 자만이 할 수 있다. 하나님의 무한한 사랑에 붙들린 자만이 자신의 것을 포기할 수 있다.

우리가 하나님을 사랑하기 이전에 이미 하나님께서 우리를 먼저 사랑하셨고, 우리를 통해 당신의 일, 곧 사랑의 일을 하기 원하신다. 하나님의 이러한 사랑의 역사가 바로 기적이다. 신약성서는 바로 이러한 기적의 역사를 가능하게 하는 능력의 책이다.

구약 개요

1. 오경

구약 성경은 크게 오경, 역사서, 지혜서, 예언서로 구성돼 있다. 그중 '오경'은 창세기부터 신명기까지 다섯(penta) 권의 두루마리(teuchos)로 이루어졌다는 뜻을 담고 있다. 이 책들에는 하나님의 천지 창조를 시작으로 이스라엘 조상들의 이야기, 출애굽 사건, 광야 생활을 거쳐 가나안 입성 직전까지의 긴 역사가 압축적 혹은 구체적으로 담겨 있다.

창세기(Genesis)는 전역사(前歷史, prehistory)와 족장사(族長史, patriarchal history)로 구분되는데, 전역사에는 하나님의 천지 창조와 아담과 하와, 가인과 아벨, 노아 시대의 홍수, 바벨탑 이야기가 등장하고, 족장사는 이스라엘의 조상 아브라함, 이삭, 야곱의 이야기와 요셉과 그의 형제들에 관한 이야기로 구성되어 있다.

출애굽기(Exodus)는 하나님께서 애굽에서 노예로 생활하던 히브리 민족을 해방시키시고, 광야에서 인도하시고, 그들과 언약을 맺으시고, 성막을 건축하게 하신 일들을 담고 있다.

레위기(Leviticus)는 예배 공동체가 지켜야 할 제사, 정결, 절기 등에 대한 종교 의식상의 규정들을 담았다. 여기에는 구약성서의 5대 제사(번제, 소제, 화목제, 속건제, 속죄제)와 3대 절기(유월절, 맥추절, 초막절)를 비롯한 각종 제사와 절기, 그리고 축제들을 위한 종교적 의식과 규정들이 기록되어 있다.

민수기(Numbers)라는 이름은 이 책에 나오는 두 차례의 인구 조사와 관련해서 붙여졌다. 이스라엘이 시내산에 머물던 때와 광야를 지나던 때, 그리고 요단 동쪽 지역을 정복하고 모압 평야에 체류하던 때의 일을 담고 있다.

신명기(Deuteronomy)는 약속의 땅에서 이스라엘 백성이 어떻게 살아야 할지를 설명한 책으로, 모세가 행한 세 번의 설교 형식으로 되어 있다. 출애굽 세대가 죽은 후 새로 태어난 광야 세대가 주축을 이룬 공동체에서 하나님의 구원 사역과 가르침을 다시 알릴 필요가 있었다. 출애굽 후 40년간의 광야 생활 동안 이스라엘은 하나님께 불순종하고 거역했지만, 약속의 땅에 들어가서는 하나님 말씀에 순종하며 살아야 할 것을 가르치고 있다.

2. 역사서

1) 신명기 역사서

신명기 역사서(Deuteronomistic History)란 이스라엘 민족이 가나안에 들어가서 땅을 차지하고 그 땅에서 하나님이 직접 치리하시는 사사 시대를 거쳐 왕국의 형성과 분열을 경험하고 급기야는 멸망하여 하나님이 주신 땅에서 쫓겨나기까지의 역사를 담고 있는 책이다. 여호수아, 사사기, 사무엘상·하, 열왕기상·하의 여섯 권이 이에 속한다. 신앙의 순수성을 강조하여 토라에 대한 순종은 축복을, 불순종은 징벌을 가져온다는 신명기의 사상은 이 책들을 해석하는 중요한 열쇠가 된다.

여호수아(Joshua)는 가나안 땅을 정복하고 분배한 이야기와 여호수아의 유언으로 구성되어 있다. 출애굽 세대를 이끌어 온 지도자가 모세였다면, 새로 태어난 광야 세대를 이끌 지도자로 여호수아가 선택되었다. 모세의 후계자 여호수아는 많은 전쟁을 거쳐 가나안을 정복하고 지파별로 땅을 분배하여 정착케 한다. 그리고 세겜(Shechem) 회의에서 이스라엘로 하여금 다시 한번 하나님의 백성이라는 신앙 고백을 하게 함으로 자신들의 정체성을 확인한다.

사사기(Judges)는 주전 1,200~1,000년, 왕정이 들어서기 이전에 지파들이 동맹을 맺어 단합해 행동하던 사사 시대의 역사를 담고 있다. 가나안 땅 중에 아직 정복되지 않은 지역이 있었고, 호시탐탐 침략 기회를 노리는 해양족 블레셋의 위협도 있었다. 옷니엘, 에훗, 드보라, 기드온, 입다, 삼손 등의 사사들은 이방족이 침입할 때마다 하나님의 부르심으로 지도자가 되어 백성을 구원한다. **룻기**(Ruth)의 시대적 배경이 바로 이 시기다.

사무엘상·하(1&2 Samuel)는 왕정의 시작과 왕국의 멸망을 담고 있다. 초대 왕 사울은 사무엘, 다윗과 갈등하다가 블레셋과의 전투에서 비참한 최후를 맞는다. 다윗은 예루살렘을 정치적, 종교적 중심지로 새롭게 정한 뒤 국토를 확장하고 통일 국가를 건설한다.

열왕기상·하(1&2 Kings)는 왕국의 분열과 멸망에 대해 기록하고 있다. 솔로몬에 이르러 이스라엘은 문화적, 경제적 전성기를 맞이했지만 그의 무리한 번영 정책은 북쪽 지파 사람들의 반발을 불러왔고, 그가 죽자 왕국은 남유다와 북이스라엘로 분열되었다. 북이스라엘은 피의 혁명을 통해 세력을 얻은 자들이 왕위를 계승하는 일을 반복하다가 주전 722년에 앗수르 제국에게 멸망을 당한다. 한편, 다윗 왕조가 유지되던 남유다는 주전 587년에 바벨론에 의해 종말을 고하고야 만다. 이때부터 바벨론 포로 시대(Exilic Period)가 시작된다.

2) 역대기 역사서

역대기 역사서(Chronicler's History)는 네 권의 책, 즉 역대상·하, 에스라, 느헤미야를 말하는데, 주로 왕정의 수립과 왕국의 분열, 멸망, 바벨론 포로기를 거쳐 다시 가나안으로 돌아오는 포로기 이후의 역사까지를 내용으로 삼고 있다. 포로기 이후 이스라엘은 정치적 왕국이 아닌 종교적 공동체로서 자기의식을 재정립하게 되었다. 이러한 변화 가운데서 그들은 과거 역사를 새롭게 해석했다.

역대상·하(1&2 Chronicles)는 이스라엘 민족의 주체성과 자기의식의 문제를 찾는다. 족보를 제시하여 혈통을 강조함으로써 이스라엘 보존의 길을 생각하는 동시에, 정치적 존재로서의 이스라엘은 이미 종식되었기 때문에 새로운 해답을 예루살렘을 중심으로 한 종교적 공동체에서 찾고 있다. 다윗과 솔로몬을 비롯한 이스라엘의 왕들에 대해 서술할 때에도 그들의 정치적, 군사적 업적보다는 종교적 업적을 강조한다.

에스라(Ezra)와 **느헤미야**(Nehemiah)는 포로민들의 귀향과 성전 재건, 종교개혁을 담고 있다. 주전 538년, 바벨론을 멸망시킨 바사 왕 고레스(Cyrus)의 칙령으로 포로민들은 고향으로 돌아갈 수 있게 되었다. 세스바살, 스룹바벨, 에스라, 느헤미야 등이 4회에 걸쳐 귀환민들을 이끌었다. 이들에 의해 예루살렘 성전과 성곽이 새로 지어졌다. **에스더**(Esther)는 바사 제국 시대에 유다인들이 경험한 고난과 승리를 담고 있다.

3. 지혜서(시가서)

이 책들은 인간의 이성과 경험, 즉 삶이 제기하는 여러 문제에 대한 해답과 하나님을 향한 찬양을 담고 있다. 배열은 시대 순서를 따른다.

욥기(Job)는 전통적인 지혜에서 가르치는 인생관의 한계를 보여 준다. 하나님을 경외하는 의인이 당하는 고난에 대한 욥과 세 친구들의 논쟁, 엘리후의 연설이 등장하지만 해답이 주어지지 않는다. 하나님은 욥에게 창조주의 무한한 능력과 피조물의 제한된 지식, 능력을 대비시켜 주신다.

시편(Psalms)은 150편의 시들이 5부로 구성되어 있는데, 이러한 구조는 구약성서에서 가장 권위 있는 부분인 오경의 형식을 본떴다는 것이 가장 일반적인 견해다. 또한 시편은 내용과 형식에 따라 찬양시, 감사시, 탄원시, 신뢰시, 지혜시, 토라시, 왕조시, 시내산시편, 구속사시편 등 매우 다양하게 구분된다.

잠언(Proverbs)은 삶의 지혜에 대한 증언을 다룬다. 고대 근동의 다른 나라들, 이를테면 애굽과 아라비아, 바벨론 등 이스라엘 주변 나라들에서 지혜란 삶의 경험적인 지식을 통해 사람을 처세에 능하도록 이끄는 데 목적이 있었던 반면, 이스라엘의 지혜는 인생의 성공이 사람의 명철과 영리함에 달려 있는 것이 아니라 근본적으로 하나님을 두려워하고 그 뜻을 따르는 데 있음을 알게 하려는 것이다.

전도서(Koheleth)는 성공적인 삶과 행복이 사람의 행동에 의해 좌우된다는 전통적인 지혜관과는 사뭇 다른 가르침을 주는 책이다. 해 아래 수고하는 모든 노력과 열매가 헛되니 세상에서 창조주를 기억하고 하나님을 경외하며 살아가는 사람이 지혜로운 사람임을 말한다.

아가(Song of Songs)는 사랑하는 두 남녀의 시적 고백을 통해 하나님과 이스라엘의 관계, 그리스도와 교회의 관계를 은유적으로 표현한다.

4. 예언서

구약성서의 예언자들은 주전 8세기부터 포로기 이후까지 그들이 처한 역사적 상황에서 하나님의 말씀을 대신 전달한 사람들이다. 예언자의 이름을 딴 구약성서의 예언서는 책의 분량에 따라 대예언서(이사야, 예레미야, 에스겔)와 소예언서(호세아부터 말라기까지)로 구분한다.

주전 8세기 북이스라엘에서 활동한 예언자는 **호세아**(Hosea)와 **아모스**(Amos)이다. 호세아는 자신의 불행한 결혼 생활을 통해 이스라엘이 하나님을 버리고 바알을 중심으로 한 우상 숭배에 젖어든 것을 질타했다. 아모스는 북이스라엘의 사회적 부패와 부조리를 신랄하게 비판하면서 사회적 불의에서 벗어나 정의를 이룰 것을 외쳤다. 같은 시대에 남유다에서는 **이사야**(Isaiah)와 **미가**(Micah)가 활동했다. 이사야는 주전 8세기에 있었던 두 번의 전쟁, 즉 시리아-에브라임 전쟁(주전 735년)과 산헤립의 침공(주전 701년) 때에 철저하게 하나님 한 분만을 의지하고 믿을 것을 외친 예언자다. 미가는 남유다 왕국에 하나님의 심판이 임박했음을 선포했다. 이사야는 예루살렘은 하나님이 함께 하시는 도시이기에 절대로 무너지지 않는다고 보았으나, 미가는 예루살렘도, 심지어 성전까지도 하나님의 심판에서 예외가 될 수 없다고 선언했다. **요엘**(Joel)은 메뚜기 떼로 인한 재난을 하나님의 심판으로 보았고, 여호와의 날이 임박했음을 선포하면서 하나님의 섭리와 뜻이 있음을 깨달아 하나님 앞에 겸손한 마음으로 회개하며 나아갈 것을 촉구하였다. 니느웨에 가서 하나님의 말씀을 전하라는 명령을 받은 **요나**(Jonah)의 이야기는 하나님의 사랑과 은총, 구원은 이스라엘에게만 독점될 수 없다는 사실과 이스라엘 사람들의 증오의 대상이었던 앗수르 사람들까지도 회개하면 하나님께서 용서하고 징벌을 취소하신다는 회개의 중요성을 일러준다.

주전 7세기에 활동한 **스바냐**(Zephaniah)는 유다 왕국의 종교가 순수성을 잃어버리고 혼합 종교로 전락해 가고 있던 때에 '여호와의 날'이 가까웠음을 선포했다. **나훔**(Nahum)은 앗수르 제국의 멸망을 예언하면서 죄악을 심판하시는 하나님의 말씀을 선포했다. 이러한 하나님의 보복은 하나님을 사랑하는 자를 돌보시는 하나님의 심판이다. **하박국**(Habakkuk)은 왜 하나님이 앗수르의 멸망에 바벨론 같은 악한 세력을 도구로 사용하시는지에 대해 항의 어린 질문을 한 후 '비록 더딜지라도 기다리라', '의인은 그의 믿음으로 말미암아 살리라'는 응답을 받았다. 남유다가 멸망하는 목전에서 활동한 **예레미야**(Jeremiah)의 외침에는 하나님의 말씀을 전하면서 느낀 참담함과 함께, 스스로 원하지 않았던 예언자로 살아가는 슬픔과 아픔이 배어 있다. 이런 예레미야를 흔히 '눈물의 예언자', '고독한 예언자', '고난받는 예언자'라고 부른다. 히브리어 성경에서 성문서에 속해 있는 애가는 예레미야의 저작이라는 전통적인 견해를 따라 **예레미야애가**(Lamentations of Jeremiah)로 이름이 바뀌었고, 위치도 예레미야서 다음으로 배열되었다.

바벨론에서 예언자로 소명을 받은 후 그곳에서 22년 동안 활동한 포로기의 예언자 **에스겔**(Ezekiel)은 유다 땅에 남아 있는 백성을 향해 회개를 촉구하면서 하나님이 자기 백성을 구원하시리라는 확신, 이스라엘의 회복과 희망에 대한 메시지를 전했다. 이 시대에 **오바댜**(Obadiah)는 에돔이 심판받을 것을 외쳤다. 이는 주전 587년 남유다 왕국이 바벨론 군대에게 무너질 때 에돔(=에서의 후손)이 바벨론 군대 편에 서서 유다 왕국에 적대적인 행동을 했기 때문이다.

포로기 이후에 활동한 **학개**(Haggai)는 귀향민들이 성전 재건보다 자기 집 마련을 위해 노력하는 것을 안타까워하면서 성전을 재건하여 하나님을 기쁘시게 하고 영광을 돌릴 것을 촉구했다. **스가랴**(Zechariah)는 학개와 함께 성전 재건을 독려하면서 포로기 이후 유대인들이 중요한 종교생활로 여긴 금식에 대해 언급했는데, 금식 규례를 지키는 것보다 중요한 것은 하나님의 의, 윤리적 요구에 순종하는 것임을 전파했다. **말라기**(Malachi)는 재건된 성전이 다시 신앙의 구심점이 된 이후 이스라엘 공동체의 종교생활에 대한 메시지를 담고 있다. 그들의 부패와 비윤리성을 질책하고 종교적, 사회적으로 엄격한 윤리를 강조하였다.

다니엘(Daniel)은 마카비 혁명(Maccabean Revolt)이 일어나기 직전, 이스라엘 사람들이 극심한 종교적 탄압을 받고 있던 때(주전 160년대)에 기록된 구약성서의 대표적인 묵시문학이다. 이스라엘의 전통적 종교생활이 금기시되던 헬라 제국 치하에서 죽음을 무릅쓰고 자신의 신앙과 종교생활을 지키려 하는 유대인들의 이야기가 주인공 다니엘을 통해 전개된다.

감리교회의 역사

1. 영국에서 시작된 감리교 운동

감리교회는 18세기 영국에서 영국국교회를 갱신하고 개혁하고자 하는 신앙 부흥 운동을 통해 시작되었다. 감리교 운동은 성화에 초점이 맞추어져 있었는데, 이 운동을 주도한 것은 존 웨슬리(John Wesley, 1703~1791)와 찰스 웨슬리(Charles Wesley, 1707~1788) 형제다. 특히 존 웨슬리의 신앙과 사랑, 소명감과 열심, 치밀한 조직력과 통솔력, 그리고 성령의 도우심으로 성취된 신앙 부흥 운동이었다. 이처럼 감리교 운동에서 웨슬리의 지도력은 절대적이었으며, 그가 없이는 감리교회가 창설될 수 없었고, 감리교회 정신이 생길 수도 없었다.

1) 존 웨슬리의 출생과 성장

감리교회의 창시자인 존 웨슬리는 1703년 6월 17일 영국 링컨셔주 엡웟(Epworth)에서 영국국교회 사제인 아버지 사무엘 웨슬리(Samuel Wesley)와 비국교도 목사의 딸인 어머니 수산나 웨슬리(Susanna Wesley)의 열아홉 자녀 중

열다섯째로 출생하였다. 그는 근엄하고 경건하며 양심적인 부친과 견고한 신앙과 자애로운 성품을 겸비한 모친 밑에서 엄격하면서도 규칙을 중시하는 가정교육과 성서를 중심으로 한 기독교 교육을 받으며 성장하였다. 그가 일곱 살이던 1709년 2월 사택에 화재가 났는데, 이때 기적적으로 구출된 그에게 어머니 수산나는 스가랴 3장 2절 말씀을 인용하여 '불에서 꺼낸 그슬린 나무'라는 애칭을 붙여 주었다고 한다.

존 웨슬리는 1714년 런던에 있는 명문 차터하우스 학교(Charterhouse School)에 입학하여 6년간 엄격하고 규칙적인 생활을 하며 수학하였고, 1720년 장학생으로 옥스퍼드 대학교의 크라이스트처치 대학에 입학해서는 스스로 규칙을 세워 실행하면서 학업에 매진하여 1724년 문학사 학위를 받았다.

2) 존 웨슬리의 회심

존 웨슬리의 생애를 관통하는 영적 흐름은 회심이다. 그는 옥스퍼드 대학교를 졸업한 이듬해인 1725년 성직자가 되기로 결심했을 때 거룩한 삶을 통해 완전 성화를 추구하는 도덕적 회심을 하였고, 이후 자신의 영적 상태를 매일 점검하는 영적 일기를 쓰고 영적 독서를 이어갔다. 1725년 9월 19일 부제(deacon) 서품을 받았고, 1726년에는 옥스퍼드 대학교 링컨 대학의 교수(Fellow, 특별연구원)로 사역하였으며, 1727년 8월부터 1729년 11월까지 엡웟에서 부친의 보좌 사제로 교구 목회 생활도 하였다. 그리고 1728년 9월 22일 사제(elder) 서품을 받았다.

1729년 11월 말경 옥스퍼드 대학교 링컨 대학의 교수로 돌아온 그는 찰스 웨슬리를 중심으로 조직된 신성클럽(Holy Club)에 참여하였는데, 이를 감리교회의 기원으로 삼는다. 신성클럽 회원들은 두 가지 선행을 규칙적으로 행하여 완전 성화에 이르고자 하였다. 그 하나는 기도나 영적 독서와 같은 경건의 선행이고, 또 하나는 구제와 같은 자비의 선행이다. 이렇게 방법적이고 규칙적인 선행을 추구하여 완전 성화에 이르고자 한 신성클럽 회원들에게는 매우 다양한 별칭이 붙었는데, 가장 늦게까지 남은 별칭이 '메도디스트(Methodist, 규칙쟁이)'였다. 이는 한편에서는 조롱의 의미였지만, 또 한편에서는 존경의 의미를 담은 표현이었다.

이처럼 선행과 믿음을 추구하던 존 웨슬리는 1735년 동생 찰스 웨슬리와 함께 영국국교회 사제로서 미국 조지아주 선교사로 갔지만 별다른 성과 없이 1738년 귀국하였다. 이후 그는 영적 패배자로서의 깊은 고민과 좌절이라는 내적 고통에 시달렸는데, 그러던 중 그의 삶과 신앙에 결정적 변화를 가져온 영적 체험을 하게 되었다. 1738년 5월 24일 저녁 런던 올더스게이트가에 모인 모라비안 교도의 집회에 참석했다가 복음적 회심을 체험한 것이다. 그는 이 경험을 통해 선행으로 의인화를 이루는 것이 아니라, 예수 그리스도를 온전히 의지하는 믿음으로 의인화를 이루며 완전 성화를 이룰 수 있다는 신앙적 진리를 뜨거운 가슴으로 느끼며 공개적으로 고백하였다. 또한 그 직후인 1738년 12월 31일에서 1739년 1월 1일 사이에 있었던 페터레인 성령 체험은 그의 안에 영혼 구원에 대한 사명적 회심을 불러일으켰다. 그리하여 존 웨슬리는 1739년부터 본격적인 감리교 운동에 나섰다.

3) 감리교 운동

감리교 운동은 맨 처음에는 감리교회(Methodist Church)라 칭하지 않고 감리회 신도회(Methodist Society)라고 하였다. 즉 존 웨슬리는 새로운 교파를 이루려 한 것이 아니라 영국국교회의 갱신과 개혁을 꿈꾸었던 것이다. 이러한 그의 비전은 올더스게이트 체험을 통한 복음적 회심과 페터레인 체험을 통한 사명적 회심을 통해 그를 위대하고 성공적인 전도자의 생애로 이끌어 주었다. 그는 감리교 운동을 벌이는 과정에서 자신의 신앙에 지대한 영향을 미친 모라비안 교도와 감리교 운동의 신앙적 동지였던 조지 휫필드(George Whitefield)와 결별하기도 하였다. 그러면서 자신만의 독특한 신앙적 색채를 지닌 감리교 운동을 전개할 수 있었다.

첫째, 감리교도들을 더욱 철저히 신앙적으로 지도하고 궁극적으로는 성화를 이루기 위하여 '속회', '반회(밴드)', '특별신도회', '참회자반' 등 영적 소그룹을 조직하였다.

둘째, 앉아서 기다리는 폐쇄적인 기독교가 아니라 직접 찾아가는 개방적 기독교를 추구하였다. 이것을 상징적으로 드러내는 것이 "세계는 나의 교구다!(The World is My Parish)"라는 광야의 외침이었다. 이 말은 세계 선교에 대한 원대한 비전을 제시했다기보다는 당시 영국국교회의 교구제와 옥외 설교 금지에 대한 저항의 표현이었다. 그는 광야의 외침에 걸맞게 교구와 교회라는 울타리를 벗어나 옥외에서도, 탄광에서도, 빈들에서도, 빈민가에서도 전도하며 설교하였다.

셋째, 존 웨슬리는 평신도 중심의 사역을 전개하였다. 그는 '민족을 개혁하기 위하여(to Reform the Nation)'라는 원대한 목표를 이루기 위해서 평신도 설교가들을 세우는 등 평신도들을 적극 활용하였다. 특히 여성 지도력을 세우는 일들도 활발히 펼쳤다.

존 웨슬리가 벌인 감리교 운동이 영국국교회와 결별하면서 영국 감리교회로 출현한 것은 그의 사후인 1795년이었다. 그렇지만 감리교 운동은 존 웨슬리 생전에 이미 영국국교회와의 분리를 가속화하는 사건들로 감리교회의 태동을 가시화했다. 이렇게 1795년 태동한 영국 감리교회는 감독제(주교제)였던 영국국교회와는 달리 회장제를 채택하였다.

2. 미국 감리교회에서 전래된 한국 감리교회의 역사

1) 기독교조선감리회– 개척 교회 시대

(1) 한국 선교의 문을 연 감리교회

한국에 감리교회를 전파한 것은 미국 감리교회다. 미국 감리교회는 영국에서 감리교 운동을 경험한 평신도들이 미국으로 건너가 1760년대부터 감리회 신도회 모임들을 만든 것이 교파 조직의 단초가 되었다. 그 후 마침내 1784년 12월 24일 볼티모어에서 열린 크리스마스 연회에서 웨슬리의 제안으로 미국 감리교회가 조직되었고, '프랜시스 애즈베리'와 '토마스 콕'이 감독으로 선임되었다. 이는 1795년 태동한 영국 감리교회보다 앞선 것이었다. 하지만 미국 감리교회는 1844년 총회 시 감독의 노예 소유 문제가 빌미가 되어 미감리회와 남감리회로 갈라졌고, 이후 각각 한국 선교를 시작하였다.

미감리회는 포괄적으로 한국 선교의 문을 여는 데 결정적 공헌을 하였다. 당시 조선 정부는 쇄국 정책에서 벗어나 개방 정책 속에서 1882년 조미수호통상조약을 체결하고 1883년 5월 초대 주한 미국 공사 푸트(L. H. Foote)가 부임하자 민영익을 대표로 하는 보빙사절단을 미국에 파견했는데, 이들이 워싱턴으로 가는 기차 안에서 가우처(J. F. Goucher) 목사를 만난 것이 결정적인 계기가 되었다. 그는 미감리회 해외선교부에 한국 선교를 촉구하였고, 특히 일본 선교회 관리자 매클레이(R. S. Maclay) 선교사에게 한국을 방문하도록 요청했다. 이미 한국 선교에 지대한 관심을 가지고 있었던 매클레이 선교사는 1884년 6월 24일 서울에 도착하였다. 그는 미국 공사관을 통해 미감리회 선교사들이 병원과 학교를 운영할 수 있도록 허락해 달라는 제안서를 제출했고, 고종은 학교와 병원을 설립해 운영해도 좋다는 뜻을 김옥균을 통해 7월 3일에 전달하였다. 이로써 감리교회를 비롯한 개신교의 한국 선교의 문이 열렸고, 사회 변혁을 위한 선교사들의 합법적인 활동 근거도 마련하였다.

(2) 미감리회와 남감리회의 한국 선교

한국에 먼저 선교를 시작한 것은 한국에서 '미이미교회'로 불렸던 미감리회다. 1885년 미감리회 해외선교부는 스크랜턴(W. B. Scranton) 부부, 아펜젤러(H. G. Appenzeller) 부부를 개척 선교사로 파송하였으며, 또한 미감리회 여성해외선교회는 스크랜턴 대부인(M. F. Scranton)을 보냈다. 이 개척 선교사

5인 중 아펜젤러 선교사 부부는 일본을 출발하여 1885년 4월 2일 부산을 거쳐 4월 5일 부활절 주일에 제물포에 도착하였으나 갑신정변의 여파로 불안했던 국내 사정 때문에 서울에 들어가지 못한 채 일본으로 되돌아갔고, 5월 3일 스크랜턴 선교사가 단독으로 제물포로 입국하여 서울에 들어갔다. 이후 서울 정동에 정착한 선교사들은 병원과 학교를 통해 선교를 시작하였다.

선교사들이 혼신을 다한 선교 사업들은 조선 정부의 인정을 받았다. 그리하여 스크랜턴 대부인이 설립한 여학교는 '이화학당'이라는 현판을 받았고, 아펜젤러 선교사가 세운 남학교는 '배재학당', 스크랜턴 선교사가 설립한 병원은 '시병원'이라는 현판을 받았다. 그리고 이 사업들은 결과적으로 직접적인 선교를 시작할 수 있는 가교가 되었다. 그리하여 1887년 7월 24일 배재학당 학생 박중상이 세례를 받고 첫 감리교인이 되었으며, 이후 구도자와 개종자들이 생겨났다. 그리고 마침내 1887년 10월 9일 한국 감리교회의 첫 신앙 공동체인 벧엘예배당(현 정동제일교회)이 예배를 드렸다. 이로부터 복음을 전하고 교회를 설립하는 직접 선교는 간접 선교 사업을 거름 삼아 서울을 비롯하여 인천, 평양, 해주, 원산, 수원, 공주 등으로 확산되었다.

한편 남감리회의 한국 선교는 갑신정변으로 인해 중국 상하이로 망명한 윤치호가 1887년 4월 세례를 받고 한국 최초의 남감리교인이 된 것이 시초가 되었다. 윤치호는 그 뒤 미국에서 유학할 때 대학이나 교회를 순방하며 한국 선교의 필요성을 강조했고, 귀국한 후에는 정부 관리로 있으면서 미국 남감리회에 한국 선교를 요청하였다. 이에 대한 응답으로 남감리회는 1895년 10월 헨드릭스(E. R. Hendrix) 감독과 리드(C. F. Reid) 선교사를 보내 선교 발판을 마련하였고, 1896년 5월에는 리드 선교사 부부가 첫 선교사로 내한하였다. 이어 1897년 1월에는 콜리어(C. T. Collyer) 선교사 부부가 들어왔고, 그해 10월에는 캠벨(J. P. Campbell) 부인도 내한하였다. 남감리회는 1897년 5월 2일 경기도 고양읍에 첫 신앙 공동체를 세웠는데, 이 교회에 출석하던 교인이 이주하여 같은 해 6월 20일에는 서울 청녕교교회(현 광희문교회)도 설립했다. 이후 남감리회는 서울에서뿐만 아니라 개성, 원산, 춘천, 철원 등지로 직접 선교 사업을 급속하게 확장하였다. 이와 함께 교육 사업도 활발히 벌여 서울에서는 켐벨 부인이 자골 '배화학당'을 설립하였고, 남감리회가 선교의 중심지로 삼고자 한 개성에도 개성여학당(현 호수돈여중고)과 미리흠여학교, 한영서원(송도고보) 등을 세웠다. 한편 원산의 구세병원 등 선교 지역에 소수의 병원들도 설립하였다. 특히 남감리회는 서울에 태화여자관을 비롯하여 개성, 원산, 춘천, 철원 등지에 여자사회관을 설립하여 한국 근대 사회복지 사업의 문을 열었다.

(3) 부흥 운동과 민족 운동

한국교회에 기독교의 본질인 회개와 중생과 성결이라는 영적 체험을 불러일으키는 부흥 운동의 불길을 지핀 것은 한국 감리교회다. 부흥은 인위적인 운동이 아닌 전적인 성령의 역사 속에서 진행되는 영적 사업인데, 남감리회 하디(R. A. Hardie) 선교사의 영적 지도력이 1903년 원산 대부흥 운동의 원동력이 되었다. 그는 1903년 8월 원산에서 열린 선교사들의 성경 공부 모임(사경회)을 준비하던 중에 자신의 무기력과 함께 우월의식, 권위의식에 사로잡힌 죄를 깨닫고 성령 충만을 체험하고는 그것을 성경 공부 모임에서 공개적으로 자백하였다. 이는 한반도에서 선교사들뿐만 아니라 한국교회 교인들이 자기 죄를 공개적으로 자백하는 회개 운동의 시발점이 되었다. 그의 공개적 자백 이후 부흥 운동은 남감리회 선교 지역을 시작으로 미감리회 선교 지역으로 이어졌고, 나아가 장로교회 선교 지역으로까지 확산되었다. 그리고 심지어 국내를 넘어 해외에까지 선한 영향력을 미쳤다. 원산 대부흥 운동은 이후 1907년 평양 대부흥 운동, 1909년 백만 명 구령 운동으로도 이어졌다. 이렇게 도식화할 수 있는 한국교회 초기 부흥 운동은 성미, 새벽 기도, 통성 기도, 날연보와 같은 한국교회 토착적 신앙 양태를 창출하여 한국교회의 형성과 발전에 크게 기여하였다.

한편 부흥 운동의 체험을 통해 내재화된 신앙은 일제 침략과 맞물려 민족적인 실천으로 분출되었다. 한국 감리교회 목회자들과 교인들은 신앙적 민족 운동, 정치적 민족 운동, 경제적 민족 운동, 사회적 민족 운동. 문화적 민족 운동, 심지어 무력적 민족 운동에도 참여하여 민족의식 고취와 독립을 향한 선구적 역할을 감당했다. 일제 강점기 민족 운동의 꽃은 3·1독립운동인데, 온 겨레가 힘을 합하여 일어난 이 운동에서 신홍식, 이필주, 최성모, 김창준, 박동완, 박희도(이상 미감리회), 오화영, 정춘수, 신석구(이상 남감리회) 등 한국 감리교회 지도자 9인은 민족대표 33인에 참여하였다. 일제는 평화적으로 진행한 3·1운동을 무자비하게 탄압하였는데, 이 과정에서 한국 감리교회는 영적·인적·물적 피해를 입었다. 박석훈 목사, 유관순 열사 등이 순국하였고, 수원 제암리교회 교인들은 무참히 학살을 당했다. 한편 3·1운동을 계기로 태동한 상해 임시 정부에도 현순 목사, 손정도 목사를 비롯한 한국 감리교회 목회자들과 감리교인들이 참여하였고, 이 외에도 여러 민족 운동 단체에 가입하여 민족 문제 해결에 앞장섰다.

2) 기독교조선감리회– 자치 교회 시대

(1) 남·북 감리회의 합동

십여 년의 차이를 두고 한국에 진출한 미국의 양 감리교회는 처음부터 형제 교단으로서 우호적인 협력 관계를 유지하였다. 협성신학교와 협성여자신학교는 이러한 협력과 연합의 상징이었다. 그러다가 1920년대에 접어들면서 양 감리교회는 연합을 넘어 합동의 필요성을 절감하였다. 즉 한국 감리교회에서는 분열 체제를 극복하여 하나의 감리교회를 만들자는 움직임이 구체화된 것이다. 미국 감리교회의 합동과는 관계없이 한국 감리교회 단독으로라도 합동해야겠다는 굳은 의지는 결국 미국의 양 교단 총회에서 각각 승인을 이끌어 냈다. 그리하여 1930년 11월 18일 미국과 한국의 미·남 감리회 대표 31명이 웰치(H. Welch) 감독을 위원장으로 합동전권위원회를 구성하여 실무 작업에 들어갔으며, 1930년 12월 2일 마침내 '기독교조선감리회'라는 이름으로 한국 감리교회를 창설하고 그 산하에 중부연회, 동부연회, 서부연회, 만주선교연회를 조직하였다. 이 창립총회에서 양주삼 목사를 초대 총리사로 선출하였고, '진정한 기독교회', '진정한 감리교회', '진정한 조선교회'라는 설립의 3대 원칙을 선포했으며, 한국 감리교회의 정체성을 8개조로 정리한 교리적 선언과 사회적 의식과 선교 의식을 반영한 13개조 사회신경도 채택하였다. 이로써 한국 감리교회는 자치 교회 시대를 활짝 열었다.

이렇게 자치 교회로 출발한 한국 감리교회는 1931년 개최한 연합연회에서 한국에서 활동하고 있던 여성 선교사 14명에게 총리사가 목사 안수를 베푸는 등 세계 교회 역사상 유례가 없는 새로운 이정표를 세워 나가기 시작하였다. 또한 기독교조선감리회의 태동을 계기로 이미 1929년부터 남녀공학을 실시하고 있던 협성신학교와 협성여자신학교는 통합하여 1931년 감리교신학교(현 감리교신학대학교)로 개칭하였다.

(2) 일제 말기 변절하는 감리교회

일제 말기 한국 감리교회는 기독교회로 유지되지 못하고 신사교회로 변질되었다. 1930년대 군국주의가 횡행하던 일제는 한국교회와 사회에 창씨개명, 신사참배, 황거요배, 궁성요배, 황국신민서사 암송 등을 강요하여 민족적·신앙적 양심을 배반케 하였다. 그중에서도 한국 감리교회를 비롯한 한국교회에 가장 큰 걸림돌로 작용한 것은 신사참배였다. 국가신도(State Shinto)는 종교의식이 아닌 국가의식이라는 일제의 논리에 1936년부터 한국 감리교회는 이를 거부하거나 저항하지 못하고 유약한 순응의 자세로 일관하였다. 나아가 1941년 3월에는 혁신교단의 출현을 통해 외형과 내면 모두 친일적 교회로 변모하였다. 형식과 체제 면에서도 연회를 해산하였고, 교회 이름도 '기독교조선감리교단'으로 변경하였으며, 교직의 명칭과 교회 조직도 일본교회의 것을 그대로 차용하였다. 이른바 한국 감리교회의 창씨개명이 이루어진 것이다. 또한 성경도 친일적으로 편집하고 찬송가도 삭제하는 등 기독교회로서의 본질마저 상실하였다. 이처럼 친일 행보를 이어가던 한국 감리교회는 1945년

7월 19일 일제의 강압에 굴복해 한국의 개신교회들이 단일 교단으로 통합할 때 태동한 '일본기독교조선교단'에 흡수되었다. 하지만 일제 말기 훼절의 시대에도 강종근 목사, 권원호 전도사, 최인규 권사를 비롯하여 신앙의 절개를 지킨 소수의 그루터기 신앙인들이 있었다. 이들로 인해 그나마 신앙의 전통을 지킬 수가 있었다.

3) 기독교대한감리회– 독립 교회 시대

(1) 남북 분단과 감리교회 분열

우리 민족은 1945년 일제 치하에서 벗어났지만 이내 남북 분단으로 이어졌고, 이에 따라 교회 역시 분단되고 말았다. 소군정을 비롯한 사회주의 정권이 들어선 북한 지역의 감리교회는 1945년 9월 평양중앙교회에서 개최한 심령부흥회를 계기로 서부연회 재건 작업에 나서 1946년 6월 제1회 서부연회를 개최하였고, 38선이 고착화된 상황에서 이북 지역 감리교회의 교역자 양성을 위하여 성화신학교도 설립하였다. 그렇지만 반공적 정치 성향을 지닌 북한 감리교회를 비롯한 북한 교회는 사회주의 정권과 처음부터 대립하다가 결국 제한–탄압–말살이라는 수난을 겪었고, 이 과정에서 적지 않은 목회자들과 교인들이 신앙의 자유를 찾아 월남하였다. 이후 1950년 발발한 6·25전쟁을 계기로 북한 감리교회를 비롯한 북한 교회는 지하로 숨어들었고, 결국 진공 상태가 되면서 북한 지역의 실질적인 교회 역사의 맥은 끊어져 버리고 말았다.

한편 미군정을 비롯한 민주주의 정권이 들어선 남한 지역에서는 '일본'이라는 글자를 떼어낸 조선기독교회가 주도하여 1945년 9월 조선기독교남부대회를 열고 단일 교단 체제를 유지하려고 시도하였다. 그러나 그 주도 인사들의 친일 행적 문제를 둘러싼 갈등으로 실패하면서 결과적으로 자교파로 환원되었다. 그러던 중 남한 지역 감리교회는 일제 잔재 청산 문제를 놓고 재건파와 복흥파로 분열하였다. 양 조직은 각각 별도의 연회와 총회를 조직하고 대립하다가 1949년 4월 통합하였다. 이 통합총회에서는 1948년 8월 15일 대한민국 정부 수립을 계기로 명칭을 '기독교조선감리회'에서 '기독교대한감리회'로 변경하였고, 특히 장로교회의 직제인 장로 제도가 감리교회에서도 공식화되었다.

(2) 분열과 합동 속에서 자립과 성장을 이룬 감리교회

기독교대한감리회가 새롭게 출범한 직후인 1950년 민족의 비극인 6·25전쟁이 발발하였다. 전쟁 기간 중 부산은 한국의 임시 수도로서의 역할을 했는데, 한국 감리교회의 총리원과 감리교신학교도 일시적으로 그곳에 둥지를 틀었다. 삼남 지역은 한국교회 선교 초기에 체결된 선교지 분할 협정에 의해 감리교회가 선교를 진행할 수 없었는데, 이 협정이 일제 말기에 무너지면서 해방 후 선교를 시작하여 6·25전쟁을 계기로 한국 감리교회의 새로운 선교지로 자리매김하였다.

전쟁으로 막대한 영적, 인적, 물적 피해를 입은 한국 감리교회는 미국 감리교회의 원조에 힘입어 복구와 재건 작업에 나섰다. 이런 가운데 피폐해진 농촌 재건과 농촌 교회 교역자 양성이라는 대의명분을 가지고 대전 감리교신학교(현 목원대학교)가 1954년 태동하였다.

한국 감리교회의 오랜 숙원인 독립 교회를 이룬 후 1974년 제12회 총회를 통해 결의한 5천 교회 100만 신도 운동은 1976년부터 본격화되어 이후 10년 동안 전국 교회의 적극적인 참여 속에 큰 성과를 냈다. 이 운동이 마무리된 1985년에는 비록 목표에는 도달하지 못했지만 3,024교회, 94만4,107명의 신도를 기록하여, 전도 운동을 시작하기 전과 비교하면 교회 수는 두 배, 신도 수는 세 배로 급성장을 하였다. 이 같은 한국 감리교회의 성장은 분열과 합동의 시기에 이루어 낸 놀라운 영적 결실이었다. 즉 한국 감리교회는 1970년 경기연회 분립(연합총회), 1974년 갱신파 분열, 그리고 양측 사이에서 중립을 선언하였던 중부중립이 1975년 총리원측 밖에서 총회측을 형성하여 분열했는데, 1978년 총리원측과 총회측이 합동을 한 것이다. 특히 총리원측은 단일 감독제에서 병행 감독제로 변경하기도 했는데, 총회측과의 합동을 통해 완전 다원 감독제로 재차 변경하였다. 이 가운데 총리원측이 5천 교회 100만 신도 운동을 추진하면서 부족한 목회자 양성을 위해 연회별로 설립한 신학교들과 총회측이 설립한 총회신학교는, 1980년 출현한 제5공화국의 무인가 신학교 정비령에 따라 통폐합되어 협성신학교(현 협성대학교)가 태동하였다.

한편 한국 감리교회는 군부 독재정권 아래서 '하나님의 선교'라는 차원에서 도시산업 선교와 더불어 민주화 운동, 통일 운동, 환경 운동이라는 사회 참여 활동을 선도하여 한국 감리교회의 자랑스러운 전통을 이어갔다.

(3) 선교 2세기와 21세기를 맞아 전진하는 감리교회

1980년대는 기독교대한감리회가 선교 100주년을 맞는 시점이었다. 특히 1984~1985년 두 해에 걸쳐 여러 기념행사를 개최하였는데, 당시 거론되던 교회와 사회 문제들을 총망라하여 정리한 7가지 항목을 100주년 기념대회 선언문에 담아 발표하였다. 또한 1990년에는 1930년 기독교조선감리회 창립을 기념한 자치 60주년 기념행사도 다양하게 개최하였다. 특히 한국 감리교회가 지향할 선교 2세기의 방향성을 분명하게 제시한 기독교대한감리회 자치 60주년 선언문도 발표하였다.

선교 2세기를 맞이하면서 발표한 이 두 선언문의 내용은 이후 구체화되었다. 1991년 총회실행부위원회의 결의를 통해 1992년 제20회 총회에서 북한 선교를 담당할 서부연회와 세계 복음화를 위한 국외선교연회 조직을 의결하였다. 또한 1992년에는 선교 2세기 한국 감리교회의 중심이 될 감리회관도 광화문 한복판에 건축 봉헌하였다. 나아가 1987년에 결의한 7천 교회 2백만 신도 운동도 1991년부터 삼남연회를 중심으로 본격적으로 시행하였다. 이렇게 선교 2세기를 맞이하여 전진하던 한국 감리교회는 종교다원주의와 포스트모더니즘으로 인해 신학적 갈등이 고조되다가 결국 1992년 종교 재판까지 치르는 진통을 겪었다. 이 때문에 1997년에는 1930년 채택한 교리적 선언과 사회

신경을 대체한 감리회 신앙 고백과 사회신경을 새롭게 제정하였다.

21세기에 접어들어서도 한국 감리교회는 민족과 세계를 품고 전진을 계속하였다. 그리하여 아시아 감리교회에서뿐만 아니라 세계 감리교회에서도 그 위상이 한층 높아졌다. 그러나 국내적으로는 정반대의 상황이 연출되었다. 한국 감리교회는 2002년부터 300만 총력전도 운동을 실시하고, 2016년부터는 100만 전도 운동도 펼쳐 나갔다. 또한 2004년부터 4년 전임 감독회장제와 2년제 연회 감독제를 병행 실시하는 감독제의 변화도 꾀하였다. 그러나 오히려 4년 전임 감독회장직을 둘러싸고 벌어진 감리교 사태와 더불어 교세 감소라는 총체적 난국에 직면하고 말았다. 하지만 한국 감리교회는 '어둠의 사슬'을 끊고 민족과 세계를 향한 전진을 계속해야 할 것이다.

집사의 직무

기독교대한감리회『교리와 장정』이 정한 집사의 직무는 다음과 같다.

집사의 직무

① 교인된 의무를 열심히 수행하여 교인의 모범이 된다.

② 집사는 기도 생활과 전도, 봉사 등으로 교회 부흥에 앞장서야 한다.

③ 개체교회의 선교부, 교육부, 사회봉사부, 예배부, 문화부, 재무부, 관리부, 기타 부서에 소속하여 맡은 바 직무에 봉사한다.

그중 첫 번째와 두 번째 항에 주목하여 집사의 역할을 살펴보자.

1. 교인의 모범

집사의 첫째 직무는 '교인의 모범'이 되는 것이다. 교인들에게 신앙의 본을 보여야 한다는 뜻이다.

사도 바울은 교인들에게 자신을 본받으라고 하였다. 누구보다 겸손한 사람이었던 바울이 예수님을 제쳐두고 자신을 본받으라고 말했을 리 없다. 바울이 권면하는 요지는 이것이다. "나 바울이 예수님을 닮기 위해 노력하는 모습을 본받으라."

"내가 그리스도를 본받는 자가 된 것 같이 너희는 나를 본받는 자가 되라(고전 11:1)."

집사에게도 이와 같은 마음가짐이 요구된다. 집사는 교인의 모범이 되어야 한다. 부담스럽지만, 이것이 집사의 첫 번째 직무다. 집사는 교인들에게 '노력하는 모습'의 본을 보여야 한다. 집사의 삶이 흠 없이 완전해서 본받으라는 것이 아니다. 어쩌면 집사를 포함한 모든 성도는 하나님 나라가 완성될 때까지도 부족한 존재일 것이다. 하나님 앞에서는 물론 사람들 앞에서도 부끄러움 가득한 사람이다. 그렇기에 집사는 더욱 노력하는 모습을 보여야 한다. 하나님의 뜻을 따르기 위해 노력하는 모습으로, 예수님의 삶을 닮기 위해 노력하는 모습으로, 성령님과 동행하기 위해 노력하는 모습으로 본을 보여야 한다.

교회 안에는 목회자보다 집사를 신앙의 모범으로 삼는 교인들이 의외로 많다. 결코 목회자를 낮게 평가해서가 아니다. 기본적으로 교인들은 목회자를 존경한다. 그러나 목회자의 삶을 길라잡이로 삼긴 어렵다. 삶의 상황이 많이 다르기 때문이다. 사람은 누구나 삶의 자리가 비슷한 사람을 눈여겨본다. 그리고 그중에 성숙한 이들을 본보기로 삼게 된다.

예를 들면 남유다의 왕들은 다윗 왕을 본보기로 삼았고, 북이스라엘의 선지자들은 엘리야를 본보기로 삼았던 것처럼 말이다. 왕들은 왕을 본으로 삼았고, 선지자들은 선지자를 모범 삼았다. 교인들도 마찬가지다. 교인들은 자신과 비슷한 일상 속에서 참 그리스도인답게 살아가고 있는 이를 찾는다. 그리고 그를 본받는다.

이런 상황에서 집사는 원하든 원하지 않든 간에 이미 여러 교인의 모범이 되고 있다. 특히 이제 막 신앙의 길에 들어선 교인들은 집사의 모습을 따라 신앙을 배운다. 그래서 집사는 거룩한 경각심을 품어야 한다. 주변 교인들에게 바른 모범이 되기 위해서 노력해야 한다.

그렇다면 집사는 어떤 모습으로 교인의 모범이 되어야 하는가? 『교리와 장정』에 따르면 '교인된 의무를 열심히 수행하여' 교인의 모범이 되어야 하는데, **조직과 행정법**에서는 교인의 의무를 열 가지로 정의한다. 그 순서에 따라 집사의 모범적인 삶의 방향을 하나씩 살펴보자.

1) 예수 그리스도를 구주로 사람들에게 증거한다.

집사는 예수님을 구주로 증거하는 일에 모범이 되어야 한다.

"오직 성령이 너희에게 임하시면 너희가 권능을 받고 예루살렘과 온 유대와 사마리아와 땅 끝까지 이르러 내 증인이 되리라 하시니라(행 1:8)."

하나님은 모든 성도를 증인으로 부르셨다. 목격자로 세우셨다. 법정에서 증인과 변호인의 역할은 다르다. 변호인의 역할은 해박한 지식과 자료를 동원해 사건을 설명하고 변호하는 것이다. 반면 증인의 역할은 자신이 보고 듣고 경험한 사건을 진솔히 말하는 것이다. 변호인과 비교하자면 증인의 이야기는 논리적이지 못하고 어눌할 수 있다. 전문 지식도 부족하다. 그러나 말 한마디 한마디의 영향력은 훨씬 더 크다. 왜냐하면 증인은 직접 보고 듣고 체험한 것을 말하기 때문이다. 변호사가 간접적인 경험을 말한다면, 증인은 직접적인 경험을 증언한다.

하나님이 성도를 증인으로 부르셨다는 것은 경험을 나누라는 뜻이다. 오늘날은 하나님을 변호하고, 복음을 변증하는 일이 중요한 시대다. 하지만 무엇보다 우선순위는 증인이 되는 것이다. 살아 계신 하나님의 증인, 복음의 살아 있는 증거가 되어야 한다. 탄탄한 신학 지식이 아니어도 좋다. 논리 정연한 언변이 아니어도 괜찮다. 집사가 직접 보고 듣고 경험한 하나님을 증거할 때 주님은 영광 받으신다. 또한 그 증거를 통해서 사람들이 하나님께로 돌아오게 된다.

"그때 나는 내 마음이 이상스럽게 뜨거워짐을 느꼈다." 감리교인이라면 한 번쯤 들어보았을 이 말은 1738년 5월 24일 올더스게이트 회심을 표현한 존 웨슬리의 말이다. 웨슬리와 관련된 많은 사건들 중에서 왜 유독 이 이야기에 힘이 있을까? 그것은 이 사건이 변증이 아니라 증거이기 때문이다. 존 웨슬리는 그날의 이야기를 신학적으로 시작하지 않는다. 그저 자신의 체험을 증언했다. 그래서 웨슬리의 간증에 힘이 있는 것이다.

하나님은 집사를 증인으로 부르셨다. 구원자 예수 그리스도를 사람들에게 증거하는 사람으로 세우셨다. 그래서 집사는 항상 간증을 품고 살아야 한다. 예수 그리스도를 통해서 받은 구원의 이야기를 정리해 두고 언제든 풀어낼 수 있어야 한다. 예수님을 통해서 받은 진로와 사업의 구원, 가정의 구원, 왜곡된 생각으로부터의 구원, 질병에서의 구원, 혼자 끊을 수 없던 죄에서의 구원, 무엇보다 영혼의 구원 등을 되새겨야 한다. 그리고 만나는 이들에게 그 구원의 증인이 되어야 한다. 은혜의 경험을 나눠야 한다.

이렇게 집사는 은혜의 경험을 발 닿는 곳마다 전해야 하지만, 가장 먼저는 교회 공동체 안에서 증거해야 한다. 집사의 첫 번째 직무가 교인의 모범이 되는 것이기 때문이다. 공예배나 기도회와 같은 집회 중에 간증할 기회가 생긴다면 적극 활용해야 한다. 특별히 간증에는 세 가지 유익이 있다. 간증으로 본인 자신이 다시 한번 확신을 얻게 된다. 또한 공동체 안에서의 고백이기에 거룩한 책임의식을 갖게 된다. 끝으로 간증은 어둠 권세를 향해 외치는 영적 전투의 승전보다. 그러니 집사는 간증으로 예수 그리스도를 증거하는 일에 최선을 다해야 한다.

한편 간증은 규모가 큰 집회에서만 해야 하는 것이 아니다. 속회, 선교회, 성경 공부 모임과 같은 작은 모임에서도 필요하다. 더 작게는 일대일로 나누는 교인과의 대화에서도 필요하다. 요점은 분명하다. 집사는 어떤 방식으로든 자신이 경험한 예수 그리스도의 구원을 나눠야 한다. 사람들에게 예수 그리스도를 구주로 증거하는 일에 모범이 되어야 한다.

2) 매일 성경을 읽으며 기도한다.

집사는 매일 성경을 읽고, 매일 기도해야 한다. 이것은 첫 번째 의무와 연결된다. 집사는 구원의 경험을 증거해야 한다. 자신이 보고 듣고 경험한 그리스도를 간증해야 한다. 그런데 그 경험이 옛 추억에만 머물러 있다면 곤란하지 않겠는가? 은혜의 경험은 계속 새로워져야 한다. 지금 여기서도 일하시는 하나님과 동행하고 그 은혜를 증거해야 한다. 이를 위해 매일 성경을 읽고 기도하는 것보다 좋은 것은 없다.

"하나님께서 지으신 모든 것이 선하매 감사함으로 받으면 버릴 것이 없나니 하나님의 말씀과 기도로 거룩하여짐이라(딤전 4:4~5)."

하나님의 말씀과 기도는 세상 만물을 거룩하게 함은 물론이요, 우리의 일상을 거룩하게 만든다. 말씀과 기도는 성도의 삶을 거룩하게 만드는 능력이다. 매일 성경을 가까이하고, 매일 기도할 때 성도의 일상은 거룩해진다. 간증 넘치는 삶으로 변화된다.

엄밀한 의미에서 감리교도들의 시작을 묻는다면, 1729년 옥스퍼드의 작은 모임이라고 할 수 있다. 그 시절에 존 웨슬리는 동생 찰스 웨슬리를 비롯한 2~3명의 젊은 학생들과 함께 모여서 엄격한 경건의 규칙을 실천해 나갔다. 학문에 매진하는 가운데 금식하고 성찬을 나누며 자선 행위를 이어갔다. 그리고 무엇보다 성경을 연구하고 기도하는 일을 규칙적으로 해나갔다. 규칙쟁이(Methodist)라는 놀림을 받으면서도 매일 성경을 읽고 기도하는 일을 멈추지 않은 것이다. 훗날 이 작은 모임은 영국과 유럽, 전 세계를 바꾸는 놀라운 간증이 되었다. 감리교회의 시작점이 날마다 말씀, 날마다 기도였다는 것에 주목해야 한다. 매일 성경을 읽으며 기도할 때 은혜의 역사가 일어난다. 집사는 매일의 말씀과 기도를 놓쳐서는 안 된다.

성경을 읽을 때, 가장 좋은 것은 정독이다. 말씀을 꼼꼼히 읽고 조용히 묵상할 때 하나님의 음성을 들을 수 있다. 앞에 닥친 일을 분별하게 되고, 바르고 정확한 목표를 향해 걸어갈 수 있다. 지난 삶을 해석하고 통찰하는 힘도 말씀에서 나온다. 그러므로 하루 중 가장 고요한 시간을 따로 떼어 성경을 정독하는 것이 좋다.

이처럼 정독을 통한 말씀 묵상이 큰 힘이 있지만, 잠시 잠깐 성경을 읽을 때 얻는 유익도 크다. 바쁜 하루의 일정 틈틈이 성경을 읽는 것이다. 출근길이나 퇴근길처럼 이동하는 시간을 활용해도 좋고, 잠시 쉬는 시간에 성경을 읽어도 좋다. 순간의 지혜와 평안을 얻게 될 것이다. 요즘은 청독(聽讀), 즉 음성으로 녹음된 성경을 귀로 듣는 방법도 쉽게 접할 수 있다. 문명의 이기를 은총의 수단으로 활용하여 유익을 누려야 한다. 핵심은 매일 성경을 가까이하는 것이다. 집사는 다양한 방법으로 말씀을 접해야 한다. 매일 성경 읽는 일에 모범이 되어야 한다.

한편 집사는 매일 기도에도 힘써야 한다. 기도의 바른 방법과 순서, 기도의 종류, 기도의 의미 등을 아는 것은 중요하다. 그러나 우선해야 할 것은 실제로 기도하는 것이다. 기도에는 왕도가 없다. 기도는 머리가 아니라 무릎으로 배우는 것이다. 기도가 기도를 자라게 한다. 그러니 매일 시간을 내서 기도해야 한다. 기도는 일상의 가쁜 숨을 고를 수 있는 영혼의 호흡이다. 집사는 매일 기도하는 일에 모범이 되어야 한다.

3) 예배, 기도회, 속회, 교회학교, 사경회, 부흥회, 그 밖의 모든 은혜 받는 집회에 참석한다.

집사는 집회 참석으로 교인의 모범이 되어야 한다. 혼자서 성경을 읽고 기도하는 일은 참으로 귀하다. 그러나 개인의 신앙은 반드시 공동체의 신앙과 함께해야 한다. 그래야 균형 잡힌 신앙이 될 수 있다.

"날마다 마음을 같이하여 성전에 모이기를 힘쓰고 집에서 떡을 떼며 기쁨과 순전한 마음으로 음식을 먹고(행 2:46)."

초대 교회의 생동력은 집회에서 비롯되었다. 초대 교회 성도들은 같은 마음을 품고 날마다 모였다. 함께 예배(성만찬)하고, 친밀한 교제를 나눴다. 집회를 통해 은혜를 받고, 그 은혜를 주변에 전했다. 오늘날도 마찬가지다. 집회 중에 주시는 특별한 은혜가 있다. 그래서 집사는 집회에 최선을 다해 참석해야 한다.

존 웨슬리의 회심은 1738년 5월 24일 올더스게이트의 한 집회에서 일어났다. 그날의 일기에 흥미로운 구절이 기록되어 있다.

"그날 저녁에 나는 올더스게이트 거리에 있는 기도 모임에 별로 가고 싶은 마음이 없었으나 참석했다."

어떤 이유인지는 알 수 없으나 본래 존 웨슬리는 집회에 참여하고 싶지 않았다. 그러나 그 마음을 이겨내고 집회에 갔고, 그 결과 하나님의 큰 은혜를 경험하였다. 만약 그날 그가 집회에 가지 않았다면 어떻게 되었을까? 오늘날 감리교회가 탄생할 수 있었을까? 집회 참석은 내 기분대로 하는 것이 아니다. 때로는 내키지 않아도 집회에 참석하는 가운데 경험하는 은혜가 있다. 이처럼 집회는 하나님께서 즐겨 사용하시는 은총의 수단이다. 집사는 교회의 다양한 집회에 참석해 그 유익을 적극 활용해야 한다.

기본이자 핵심이 되는 집회는 예배다. 예배는 교회 공동체가 함께 모여 하나님을 높이며 은혜를 누리는 자리다. 교인의 삶에서 빼놓아서는 안 되는 부분이다. 집사가 예배 참여의 모범이 되는 것은 가장 기본이다.

삶의 예배는 공예배로부터 시작된다. 공예배가 없는 삶의 예배는 불가능하다. 공예배가 무너진 교인이 삶에서 예배한다는 것은 어불성설이다. 공예배의 시간과 장소를 지켜 예배할 수 있는 교인이 삶에서도 마음과 생각을 지켜 예배할 수 있는 법이다. 그러므로 집사는 예배로 모이는 일에 최선을 다해야 한다. 주일 예배뿐 아니라 기도회, 부흥회 등에도 적극적으로 참여하여 은혜를 사모해야 한다.

그런가 하면 예배와 짝을 이루는 집회는 속회와 같은 소그룹 집회로, 이는 예배만큼이나 중요하다. 18세기 영국 복음주의 운동의 중심에는 존 웨슬리만 있었던 것이 아니다. 탁월한 설교자 조지 휫필드도 있었다. 당시 그의 설교를 들으려고 수백 수천 명의 인파가 몰리는 일이 다반사였다. 그 자리에서 회심하는 일도 비일비재했다. 하지만 안타깝게도 회심 이후에 그들을 지도해 줄 소그룹 조직이 없었기에 많은 이들이 본래의 삶으로 돌아가 버렸다고 한다.

일찍이 웨슬리는 소그룹 공동체의 힘을 알았다. 그래서 회심한 초신자를 비롯한 모든 교인을 서로 연결해 주는 일에 심혈을 기울였다. 그 결과 회심자들이 신앙생활을 계속 이어갈 뿐만 아니라, 신앙의 성숙으로 연결되는 열매를 맛보았다.

감리교 운동의 집회 종류에는 총회, 연회, 연합신도회, 속회, 밴드, 참회자반 등이 있었다. 그중에서 존 웨슬리는 소그룹 집회인 속회와 밴드를 적극 활용했다. 본래, 속회의 시작은 브리스톨에 세운 뉴룸이라는 예배당의 건축 비용을 갚기 위해서 교인들이 자발적으로 조직한 모임이었다. 그런데 뜻밖에도 속회 안에서 각 교인을 돌보는 일에 큰 효과가 나타났다. 그때부터 속회는 모든 감리교회에 적용되어 지금까지 이르고 있다.

속회가 모든 교인을 대상으로 한 소그룹 집회라면, 밴드는 더 높은 신앙 성장을 꿈꾸는 교인들로 구성됐다. 밴드의 핵심은 죄의 고백과 회개, 중보 기도에 있었다. 밴드는 정기적으로 자신의 영혼을 면밀히 돌아보고, 서로의 영적 성장을 도모하는 모임이었다. 초대 교회처럼 감리교회의 힘은 소그룹 집회에서 증폭됐다. 성경은 성도에게 집회를 거듭 강조한다.

"모이기를 폐하는 어떤 사람들의 습관과 같이 하지 말고 오직 권하여 그 날이 가까움을 볼수록 더욱 그리하자(히 10:25)."

집사는 속회를 비롯한 소그룹 집회에 열심히 참여해야 한다. 뿐만 아니라 속도원을 독려하고, 물심양면으로 속장을 도와야 한다. 속회의 분위기는 속장 홀로 만들어 갈 수 없다. 그래서도 안 된다. 집사는 속도원에게 속회 모임을 권면할 뿐만 아니라 속장을 도와 속도원 한 사람 한 사람의 삶을 세밀하게 살펴야 한다.

또한 집사는 부흥회를 비롯한 집회에 참여해 은혜 받기를 사모해야 한다. 사경회와 같이 성경을 배우는 집회에도 적극적으로 참여해야 한다. 집회라는 은총의 수단을 스스로 잘 활용하고 주변에도 권면해야 한다.

단, 주의해야 할 점이 있다. 본 교회 밖 집회에 참여할 때에는 반드시 담임목사의 안내를 받아야 한다. 무조건 본 교회에서 진행하는 집회에만 참여해야 한다는 말은 아니다. 본 교회 밖에도 좋은 집회가 많다. 그리고 목회자들은 외부에 건강한 집회가 있다면 마땅히 소개하고 싶어 한다. 문제는 이단 및 사이비 집회다. 그들은 조용히 접근해 교인의 신앙을 왜곡시키고 삶을 파괴한다. 그러므로 미리 목회자에게 문의해 지도를 받아야 한다. 건강한 집회가 건강한 신앙을 만들기 때문이다.

집사는 집회 참여에 최선을 다해야 한다. 예배, 기도회, 속회, 교회학교, 사경회, 부흥회, 그 밖의 모든 은혜 받는 집회에 참석하는 일에 모범이 되어야 한다.

4) 감리회의 『교리와 장정』을 공부하고 이를 지킨다.

집사는 감리교회의 교리를 공부하고 장정을 지키는 일에 모범이 되어야 한다.

"또 어려서부터 성경을 알았나니 성경은 능히 너로 하여금 그리스도 예수 안에 있는 믿음으로 말미암아 구원에 이르는 지혜가 있게 하느니라(딤후 3:15)."

성경에는 예수 그리스도를 통해서 받는 구원의 진리가 담겨 있다. 이 진리를 체계화하여 정리한 것이 교리다. 기독교대한감리회의 『교리와 장정』에는 감리교회의 전통적인 신앙 체계가 담겨 있다. 그러므로 집사는 감리교인으로서 마땅히 교리를 공부해야 한다.

존 웨슬리는 신앙의 네 가지 바탕을 성서, 이성, 체험, 전통이라고 했다. 예수님 이래로 교회 공동체가 공유해 온 신앙의 전통 아래서 바른 신앙을 키울 수 있다는 것이다. 이런 맥락에서 감리교회는 『교리와 장정』 제정의 목적을 다음과 같이 설명한다.

"『교리와 장정』을 제정하는 목적은 (이와 같은) 감리교회의 사명을 완수하기 위해 기독교대한감리회의 역사와 전통적 교리를 밝히고 헌법과 규칙을 제정함으로 교인들을 올바로 훈련하고 이끌어 감리교회를 부흥 발전시키는 데 있다."

교리를 배워서 이해하면 기독교 신앙과 감리교회 신앙의 뿌리를 이해할 수 있다. 교인은 그 뿌리로부터 바른 세계관의 기둥을 세울 수 있다. 그리고 그것은 곧 풍성한 삶으로 연결된다. 그래서 교리 공부가 필요하다. 그런데 안타깝게도 오늘날은 전통을 가볍게 여기는 경향이 있다. 악습은 개선해야 하지만, 좋은 전통은 계속 이어가야 한다. 전통은 시간을 이겨낸 산물이다. 세월을 뚫고 탄생한 고전이라고 볼 수 있다. 전통을 공부하지 않고는 당대도 제대로 살아낼 수 없다. 물론, 교리를 우상화하여 우리와 다른 기독교 신앙을 단죄하는 일에 악용해서는 안 된다. 그러나 바른 교리 위에 설 때, 하나님을 더 바르게 알고, 성경을 더 깊이 연구할 수 있다. 개인의 신앙뿐 아니라 건강한 공동체를 세워갈 수 있다. 그러므로 집사는 감리교회의 교리를 공부하는 일에 게을러서는 안 된다.

아울러 집사는 감리교회의 장정을 지켜야 한다. 장정이란 감리교회 안에서 행하는 사역과 행정의 절차를 위한 규정이다. 쉽게 말해서 교회의 법이다. 교인은 예수 그리스도 안에서 자유를 누리되, 진리 위에 서서 엄격한 기준을 품고 사는 이들이다. 집사는 자신은 물론 공동체, 그리고 하나님의 영광을 위해서 정직하고 절제된 삶을 살아야 한다. 한마디로 준법정신이 필요하다.

"너희 중에 누가 다른 이와 더불어 다툼이 있는데 구태여 불의한 자들 앞에서 고발하고 성도 앞에서 하지 아니하느냐(고전 6:1)."

하나님은 교회가 세상보다 더 엄격하고 바른 기준 위에 서 있기를 요청하신다. 올곧은 모습으로 세상에 덕을 끼쳐야 한다. 그런 의미에서 교회는 자정 능력을 더 키워야 한다. 세상의 도움으로 교회의 문제를 해결해서는 안 된다. 오히려 교회의 도움으로 세상이 정화되어야 한다. 이를 위해 집사는 교회의 법을 익히고 그 안에서 문제를 해결해야 한다.

주의할 점은 기득권을 유지하기 위해서 법을 이용해서는 안 된다는 것이다. 교회에서 장정을 활용할 때에는 그 본래 취지를 잘 살펴서 적용해야 한다. 여기에는 원칙과 융통성을 위한 지혜가 필요하다.

한편 현대 사회가 갈수록 복잡해짐에 따라 새로운 문제들이 나날이 늘면서 『교리와 장정』도 개정과 신설을 거듭하고 있다. 이것이 집사가 『교리와 장정』을 공부해야 하는 이유이기도 하다.

5) 교회의 의무금(십일조)과 교회 사업에 대한 헌금을 낸다.

집사는 최선으로 교회 사업에 대한 헌금과 의무금(십일조)에 책임을 다해야 한다. 동서고금을 막론하고 금전과 관련한 문제는 예민하다. 그러나 물질에 대한 바른 가치관 없이는 바른 신앙도 불가능하다. 성경은 금전과 관련한 문제를 피해가지 않고 정면 돌파한다.

“한 사람이 두 주인을 섬기지 못할 것이니 혹 이를 미워하고 저를 사랑하거나 혹 이를 중히 여기고 저를 경히 여김이라 너희가 하나님과 재물을 겸하여 섬기지 못하느니라(마 6:24).”

예수님은 하나님과 재물을 동시에 섬길 수 없다고 말씀하셨다. 둘 중에 하나를 선택해야 한다. 하나님을 섬기며 재물을 다스리는 삶이냐, 재물을 섬기며 하나님을 이용하는 삶이냐를 선택해야 한다. 당연히 집사는 하나님을 섬기는 가운데 재물을 다스려야 한다. 돈에 휘둘리지 않는 삶을 살아야 한다.

돈을 다스리는 유일한 열쇠는 소유의 나눔이다. 나눔은 끝을 모르는 탐욕을 잘라내는 일이다. 돈을 통해서 얻는 권력과 기득권을 줄여갈 때 재물의 우상에서 벗어날 수 있다. 그래서 교인은 하나님과 공동체를 위해서 헌금해야 한다. 이웃과 세상을 위해서 나눠야 한다. 그리고 집사는 이 일에 모범이 되어야 한다.

“지갑이 회심하지 않으면 아직 참된 회개에 이른 것이 아니다.”

존 웨슬리의 말이다. 웨슬리는 물질에 대해서 확실히 가르쳤다. 가르칠 뿐만 아니라 자기 자신이 먼저 물질을 초월하여 살았다. 웨슬리는 당시 한 해 수입이었던 30파운드 중에서 생활비 28파운드를 제외한 2파운드를 이웃을 위해 사용했다. 이듬해에는 60파운드의 수입 중 28파운드를 제외한 32파운드를 구제비로 썼고, 그다음 해 역시 90파운드 중에서 28파운드를 뺀 62파운드를 가난한 사람들을 위해 사용했다. 감리교인이라면 웨슬리의 물질관을 배워야 한다. 지갑의 회개를 위해서 몸부림쳐야 한다.

그러면 얼마나 헌금해야 하는가? 가장 합리적인 기준은 십일조다. 소득의 십분의 일을 하나님께 드리는 것이다.

"화 있을진저 너희 바리새인이여 너희가 박하와 운향과 모든 채소의 십일조는 드리되 공의와 하나님께 대한 사랑은 버리는도다 그러나 이것도 행하고 저것도 버리지 말아야 할지니라(눅 11:42)."

십일조에 대한 간접적인 가르침이지만, 예수님도 십일조를 인정하셨다고 볼 수 있다. 예수님은 십일조의 정신을 강조하시며 그 실천도 놓치지 말라고 하셨기 때문이다.

사람마다 소득 수준이 다르다. 그러므로 비율로 떼어 헌금하는 것이 가장 합리적이라고 할 수 있다. 집사는 이 기준을 지켜야 한다. 교회 사업에 대한 헌금과 의무금(십일조) 생활에서 모범이 되어야 한다.

물론 십일조를 절대적 기준으로 할 수 없는 면도 있다. 열에 하나를 드리고 나면 생계가 불가능한 사람도 있고, 열에 둘이나 셋을 드려도 풍족한 사람이 있기 때문이다. 그래서 십일조를 기준으로 삼되 하나님 앞에서 정직하고 인색하지 않게 드려야 할 것이다(고후 9:7).

한편 헌금을 드리는 것만큼이나 헌금을 바르게 사용하는 것도 중요하다. 교회 상황에 따라 차이가 있지만 집사는 헌금을 사용하는 것, 즉 교회 예산을 집행하는 것에 책임이 있다. 교회 예산은 하나님께 드린 교인들의 헌금이기에 하나님 보시기에 합당하게 활용해야 한다. 사사로운 욕심에 이끌려 그릇 사용해서는 안 된다. 무분별한 판단으로 낭비해서도 안 된다. 헌금은 바른 절차와 점검 아래 정직하고 적절하게 사용해야 한다. 집사는 헌금이 아름답게 사용될 수 있도록 지혜를 구하며 도와야 한다. 이 일을 위해서라도 집사는 헌금에 최선을 다해야 한다. 드리는 일에 정직한 사람이 사용하는 일에도 정직할 수 있기 때문이다. 집사는 교회의 의무금(십일조)과 교회 사업에 대한 헌금을 내는 일에 모범이 되어야 한다.

6) 교회의 임원이나 직무를 맡았을 때에는 충실하게 이를 수행한다.

교회는 신앙 성숙도에 따라 집사, 권사, 장로와 같은 직분자를 세운다. 그런가 하면 은사에 따라 기관장, 부장, 속장, 교사를 임명한다. 이런 직무를 맡게 된다면, 집사는 충실하게 사명을 수행해야 한다.

"그 주인이 이르되 잘하였도다 착하고 충성된 종아 네가 적은 일에 충성하였으매 내가 많은 것을 네게 맡기리니 네 주인의 즐거움에 참여할지어다 하고(마 25:21)."

예수님은 달란트 비유를 통해 직무 맡은 자가 품어야 할 두 가지 마음가짐을 알려 주신다. 첫째는 착함이다. 집사는 사명을 감당할 때 선한 동기를 품어야 한다. 간혹 사명을 명예로 받아들이는 경우가 있는데, 사명은 결코 명예가 아니다. 오히려 멍에다. 예수님과 함께 지고 가는 거룩한 짐이다. 집사는 자기 이름이 아니라, 오직 하나님의 이름을 높이기 위해서 사역해야 한다. 사람들의 주목과 박수갈채를 바라보며 사역해서는 안 된다. 대신 하나님의 칭찬과 하늘상급을 바라봐야 한다. 중요한 직무를 맡았다고 해서 교만해서도, 직무를 맡지 못했다고 낙심해서도 안 된다. 착한 마음으로 직무를 감당해야 한다.

둘째는 충성이다. 집사는 자신의 뜻을 이루기 위해서가 아니라 하나님의 뜻을 이루기 위해서 사역해야 한다. 사역할 때 자신이 선호하는 직무나 좋아하는 역할을 맡는다면 참 좋을 것이다. 그러나 사명은 지기 힘든 직무와 역할도 있기 마련이다. 그리고 그 일을 누군가는 감당해야 한다. 그럴 때 하나님의 뜻을 이뤄갈 수 있기 때문이다. 멍에가 무겁다고 내던질 수 없듯이, 사역이 버겁다고 해서 쉽게 놓아서는 안 된다. 일단 사명이 주어졌다면 최선을 다해 감당해야 한다. 마음의 중심을 다해 성실하게 사명을 감당하는 것이 바로 충성이다(고전 4:1~2).

7) 감리회에서 발행하는 기관지와 서적 등을 구독한다.

집사는 감리회에서 발행하는 기관지와 서적을 구독해야 한다. 다시 말해 집사는 공부해야 한다.

"너희 마음에 그리스도를 주로 삼아 거룩하게 하고 너희 속에 있는 소망에 관한 이유를 묻는 자에게는 대답할 것을 항상 준비하되 온유와 두려움으로 하고(벧전 3:15)."

예수 그리스도를 바로 알고 복음을 전하기 위해서는 공부가 필요하다. 성도는 언제 어디서 갈급한 심령의 구도자를 만나게 될지 모른다. 건강한 질문과 의심을 품은 초신자와 만나게 될지 모른다. 또 그 사람이 자기 자신이 될 수 있다.

존 웨슬리는 이렇게 설교했다. "나는 오직 한 가지만 알기 원합니다. 곧 하늘에 올라가는 길입니다. 하나님께서 친히 자신을 낮춰 그 길을 가르쳐 주셨습니다. 하나님은 그것을 책에 기록하셨습니다. 오, 저에게 그 책을 주십시오. 어떠한 대가를 치르더라도 좋으니, 하나님의 책을 저에게 주십시오. 저는 그 책을 얻었습니다. 여기에는 저를 위한 충분한 지식이 담겨 있습니다. 저로 하여금 한 책의 사람이 되게 하소서."

이 고백처럼 웨슬리는 한 책의 사람, 성경의 사람이었다. 그런데 성경만 읽은 것은 아니다. 성경을 제대로 알기 위해서, 하나님과 피조 세계를 더 이해하기 위해서 엄청난 분량의 책을 읽었다. 논리학과 의학, 역사학과 문학 등을 공부하면서 통섭적인 신학을 추구했다.

하나님은 사람에게 지성을 주셨다. 그것을 활용해서 하나님을 더 깊이 알고 주님과 교제하기를 원하신다. 집사는 하나님이 주신 지성을 활용해야 한다. 공부해야 한다.

권사와 집사의 직무를 비교할 때 가장 큰 차이점은 가르침이다. 권사의 직무에는 '성경을 가르치며 신앙생활을 지도하는 일'이 추가된다. 집사는 권사의 직무를 준비하는 시기다. 즉 성경을 가르칠 수 있는 소양을 길러야 한다. 성경을 일상에 적용할 수 있는 능력을 키워야 한다. 현대 사회는 점점 세분화되고 복합적으로 변하고 있다. 이 말은 성도의 삶 또한 더 다양해지고 있다는 것이다. 하나님의 말씀을 각 삶에 적용하고 바른 길을 제시하려면 준비를 해야 한다. 집사는 감리회에서 발행하는 기관지와 서적을 비롯한 다양한 수단으로 공부해야 한다.

8) 교인은 지역 사회에서 섬기는 일에 솔선수범한다.

집사는 지역 사회에서 섬기는 일에 앞장서야 한다. 지역 사회를 섬기는 일이 지역 교회의 존재 의미이기 때문이다.

"너희는 세상의 빛이라 산 위에 있는 동네가 숨겨지지 못할 것이요 사람이 등불을 켜서 말 아래에 두지 아니하고 등경 위에 두나니 이러므로 집 안 모든 사람에게 비치느니라(마 5:14~15)."

예수님은 교회를 세상의 소금, 세상의 빛으로 규정하셨다. 교회는 하나님을 향한 공동체인 동시에 세상을 위한 공동체여야 한다. 그러므로 스스로 높은 울타리를 세워 세상과 단절되어서는 안 된다. 담을 허물고 세상의 교회, 지역의 교회, 동네의 교회가 되어야 한다.

교회를 향한 세상의 질타가 매우 거세다. 그러나 세상의 질타를 바꿔 말하면 교회를 향한 '기대'임을 알아야 한다. 기대가 없다면 질타도 없다. 기대가 있기에 교회를 향해 목소리를 높이는 것이다. 세상이 할 수 없는 일을 교회가 나서서 해주기를 바라는 것이다. 교회는 세상의 소금과 빛이 되기 위해서 세상의 기대에 부응해야 한다.

18세기의 영국은 처참했다. 산업혁명의 결과로 경제적 발전은 이루었지만 사회는 급속도로 양극화되었다. 사회의 도덕성은 생존경쟁과 물질주의로 인해 상실되었고, 그 결과 사회정의는 사라지고 인간의 존엄성은 짓밟혔다. 실례로 인구의 80퍼센트를 차지하는 노동자들은 귀족들에 의해 철저히 소외되었다. 여자와 어린아이 같은 약자들은 공장과 광산 등에서 심각한 노동 착취를 당했고, 그 후유증으로 이른 나이에 목숨을 잃었다. 이런 상황에서 도시에는 강력 범죄가 만연했고, 쾌락과 사행심을 부추기는 문화가 들어섰다.

이토록 비참했던 영국 사회를 살린 것이 바로 감리교 운동이다. 감리교도들은 개인의 성화를 넘어 사회적 성화를 추구했다. 사랑으로 세상을 섬기고 거룩하게 변화시키는 일에 앞장섰다. 그 결과 다른 유럽의 국가들이 유혈혁명으로 변화된 사회를 지향한 반면, 영국은 명예혁명이라는 무혈혁명으로 사회를 변화시켰다. 그 중심에 감리교 운동이 있었다.

오늘날 한국 사회는 18세기 영국과 흡사하다. 도를 넘은 경쟁, 물질만능주의, 성공우선주의 등으로 인간성이 훼손되고 있다. 우울증, 공황장애 등 마음의 질병이 급증하고, 수많은 사람들이 스스로 목숨을 끊기까지 한다. 특별히 한국의 자살률은 세계 어느 나라보다 높다. 다시 한번 교회가 나서야 할 때다. 세상을 위한 교회가 되어야 한다. 초대 교회는 이름부터 지역 교회(local church)였다. 지역을 섬기며 복음을 전하다가 땅 끝까지 복음을 전하게 된 것이다. 주의 사랑으로 지역을 섬기고 세상을 치유해야 한다. 그리고 집사는 이 일에 앞장서서 모범이 되어야 한다. 지역 사회에서 섬기는 일에 솔선수범해야 한다.

9) 교인은 환경을 사랑하고 보존하는 일에 솔선수범한다.

세상을 섬기는 일은 비단 사람만을 대상으로 하는 것이 아니다. 교회는 모든 피조물을 사랑해야 한다. 하나님이 만드신 창조 세계를 보살피고 보존해야 한다.

"하나님이 그들에게 복을 주시며 하나님이 그들에게 이르시되 생육하고 번성하여 땅에 충만하라, 땅을 정복하라, 바다의 물고기와 하늘의 새와 땅에 움직이는 모든 생물을 다스리라 하시니라(창 1:28)."

이것은 하나님의 문화명령이다. 하나님은 피조 세계를 인간에게 맡기셨다. 인간에게 문화와 문명을 창출할 능력을 주셔서 환경을 다스리도록 하셨다. 그런데 하나님이 인간에게 요구하신 다스림은 착취가 아니다. 무자비하고 무분별한 파괴가 아니다. 하나님이 세상을 다스리시듯 세상을 가꾸고 보존하라는 명령이다.

'인류세(人類世, Anthropocene)'라는 용어가 있다. 산업혁명 이후 인간 활동이 지구 환경에 큰 영향을 주기 시작한 시기부터 현재까지의 시간을 지칭한다. 인류세를 대표할 수 있는 두 가지가 바로 플라스틱과 닭뼈인데, 이는 각각 일회용품과 공장형 축산을 대표한다.

일회용품은 말 그대로 한 번 사용하고 버리는 물건이다. 잠시 우리 손에 왔다가 빠르게 없어지지만, 그렇게 버린 일회용품은 결코 빨리 없어지지 않는다. 땅과 강, 바다에서 수백 수천 년을 버틴다. 그리고 그로 인한 환경 파괴는 이루 다 설명할 수 없을 정도다.

공장형 가축 사육도 큰 문제다. 가축을 사육하면서 발생하는 가스와 오폐수는 지구가 감당할 수준을 넘어섰다. 지구 온난화를 막을 수 있는 시점은 이미 지났고, 이상 기후는 날이 갈수록 심해지고 있다. 또한 공장형 가축 사육에는 생명윤리라는 또 다른 문제가 내포되어 있다. 인간들은 자본주의 논리에 따라 동물의 유전자를 기형적으로 조작하고, 사육 과정에서도 무생물처럼 취급하고 있다. 이는 분명히 하나님이 기뻐하시는 모습이 아니다. 하나님은 인간에게 동물을 다스릴 권세를 주셨지만, 앞서 언급했듯이 착취와 파괴를 명령하신 것이 아니다.

교회는 자연 환경을 사랑하고 보존하는 일에 앞장서야 한다. 다양한 사역을 하는 과정에서 불편하더라도 일회용품 사용을 자제해야 한다. 음식을 비롯한 재화를 넉넉히 준비해서 남기기보다, 다소 부족하더라도 절제하며 낭비하지 않도록 노력해야 한다. 이처럼 환경을 사랑하고 보존하는 일에 집사는 모범을 보여야 한다.

10) 교인은 사회신경을 준수하며, 한 남자와 한 여자의 결혼을 통해 구성된 가정의 신성함을 존중한다.

교회와 가정은 하나님께서 만드신 공동체다. 둘 중 순서를 따지면 가정이 우선이다. 따라서 가정은 어느 집단보다 거룩해야 할 공동체다. 집사는 가정을 건강하게 세워야 하는 사명이 있다. 가정의 신성함을 지키기 위해서 노력해야 한다.

"이러므로 남자가 부모를 떠나 그의 아내와 합하여 둘이 한 몸을 이룰지로다(창 2:24)."

기본적으로 가정은 한 남자와 한 여자의 결합이어야 한다. 사회학적 소견은 다를 수 있으나, 성서학적으로는 이견의 여지가 없다. 하나님은 두 이성이 하나의 가정을 이루도록 하셨다. 현대 사회는 젠더에 대한 논의가 활발하다. 이럴 때 교회는 분명한 기준을 가지고 있어야 한다. 동성애자를 비롯한 성소수자들은 분명히 사랑해야 할 대상이다. 그러나 그들의 왜곡된 성적 지향을 옳다고 인정할 수는 없다. 이것은 교회의 기둥이 되는 성경의 목소리다.

교회가 동성애를 비롯한 잘못된 성문화를 지지할 수는 없다. 지지해서도 안 된다. 그러나 그들을 품기 위해 노력해야 한다. 그들이 교회 공동체로 들어올 수 있는 기회와 여건을 함께 마련해야 한다. 이와 같은 성경적 가치관 속에서 집사는 가정의 신성함을 지켜야 한다.

한편 거룩한 이성애를 지키는 것도 중요하다. 왜곡된 성은 동성애에만 해당되는 것이 아니다. 성경은 훨씬 다양한 부분에서 바른 이성애를 강조하고 있다. 외도와 같이 잘못된 이성애 때문에 신성한 가정이 깨지는 경우가 늘고 있다. 하지만 교인은 달라야 한다. 아름답고 건강한 가정의 모습으로 세상에 덕을 끼쳐야 한다. 집사는 사회신경을 준수하며, 한 남자와 한 여자의 결혼을 통해 구성된 가정의 신성함을 존중하는 일에 모범이 되어야 한다.

2. 교회 부흥

집사의 두 번째 직무는 기도 생활과 전도, 봉사 등으로 '교회 부흥'에 앞장서는 것이다. 교회는 왜 부흥해야 하는가? 하나님께서 교회의 부흥을 원하시기 때문이다.

"나는 심었고 아볼로는 물을 주었으되 오직 하나님께서 자라나게 하셨나니(고전 3:6)."

하나님은 교회가 자라나도록 하시는 분이다. 다시 말해 주님은 교회의 성숙과 성장을 바라신다. 그러므로 온 교인이 교회의 부흥을 위해서 심고 물을 주어야 마땅하다.

그럼에도 교회 부흥을 이야기하면 무관심하거나 심하게는 거부감을 품는 사람도 있을지 모른다. 이는 한국교회가 자신의 모습을 아픈 마음으로 되돌아보는 계기로 삼을 대목이다. 그동안 한국교회가 왜곡된 성장주의에서 비롯한 외형적 부흥만을 추구했기 때문이다. 교회는 성장주의, 양적 결과주의에 빠지지 않도록 노력해야 한다. 질적 성장과 양적 성장이 항상 비례하는 것은 아니기 때문이다. 그러나 양적 성장과 질적 성장은 밀접한 관련이 있다. 건강한 성장에는 반드시 영혼의 열매가 따르기 때문이다. 그렇다면 초대 교회의 모습을 통해서 무엇이 건강한 성장, 건강한 부흥인지 살펴보자.

첫째는 영적 성장이다.

"그들이 사도의 가르침을 받아 서로 교제하고 떡을 떼며 오로지 기도하기를 힘쓰니라(행 2:42)."

교회에는 예배의 부흥, 말씀과 기도의 부흥이 있어야 한다. 가르침을 통한 성장이 있어야 한다. 이것은 곧 위를 향한 성장이다. 하나님을 향한 성장으로, 온 교회가 성령의 충만을 경험하는 것이다. 교회의 건강한 부흥에는 영적 성장이 필수적이다.

둘째는 내적 성장이다.

"또 재산과 소유를 팔아 각 사람의 필요를 따라 나눠 주며 날마다 마음을 같이하여 성전에 모이기를 힘쓰고 집에서 떡을 떼며 기쁨과 순전한 마음으로 음식을 먹고(행 2:45~46)."

내적 성장의 가장 큰 표지는 일치다. 교회는 그리스도 안에서 하나가 되어야 한다. 한마음으로 교제하며 서로를 돌보고 책임지는 사랑의 공동체를 이루어야 한다. 세상이 줄 수 없는 사랑을 교회 안에서 주고받아야 한다. 이것이 교회의 내적 부흥이다.

셋째는 외적 성장이다.

"하나님을 찬미하며 또 온 백성에게 칭송을 받으니(행 2:47a)."

건강한 부흥은 비기독교인이 먼저 알아본다. 교회는 불신자들도 좋아하는 곳이 되어야 한다. 지역 사회에 영향력을 미치고, 나라와 민족에 선한 파급력을 끼쳐야 한다. 비기독교인도 좋아하는 교회가 되는 것, 이것이 외적 부흥이다.

넷째는 양적 성장이다.

"주께서 구원 받는 사람을 날마다 더하게 하시니라(행 2:47b)."

교회가 성령으로 충만하고 공동체 사랑으로 가득하며 선한 영향력을 미치는데, 양적 성장이 없을 수 없다. 섬이나 산골 마을처럼 한정된 공동체가 아니라면 건강한 부흥은 반드시 양적 부흥으로 이어진다.

영적 부흥과 내적 부흥, 외적 부흥과 양적 부흥은 개별적인 것이 아니다. 또한 순차적인 것도 아니다. 동시다발적으로 일어나는 부흥이다. 모든 교회는 이런 부흥을 꿈꿔야 한다. 그리고 집사는 하나님의 뜻을 따라 부흥에 힘써야 한다.

1) 기도 생활

영적 성장을 이루는 기본 요소는 기도다. 기도는 하나님과의 소통이며 교제다. 그러므로 교회의 부흥은 물론 개인적인 삶의 부흥도 기도가 밑바탕이 되어야 하고, 집사는 기도를 생활화해야 한다.

"예수께서 나가사 습관을 따라 감람 산에 가시매 제자들도 따라갔더니(눅 22:39)."

예수님은 기도하는 습관이 있으셨다. 수많은 사역으로 분주할 때에도 기도하는 일을 결코 쉬지 않으셨다. 그렇기에 진정한 부흥을 이루실 수 있었다.

존 웨슬리의 건강한 부흥의 원동력 또한 기도에서 나왔다. 웨슬리는 바쁜 사역 가운데서도 기도 생활을 멈추지 않았다. 아침저녁으로 한 시간씩 따로 시간을 떼어 기도했다.

집사는 기도 생활에 힘써야 한다. 개인 기도는 물론 기도회에도 최선을 다해 참여해서 교회 부흥에 앞장서야 한다.

2) 전도

전도는 양적 성장을 위한 필수 요소다. 교회는 새신자나 구도자가 스스로 찾아오기만을 바라서는 안 된다. 잃은 양 한 마리를 찾으러 나가신 예수님의 마음으로 전도하고 선교해야 한다.

"그러므로 너희는 가서 모든 민족을 제자로 삼아 아버지와 아들과 성령의 이름으로 세례를 베풀고 내가 너희에게 분부한 모든 것을 가르쳐 지키게 하라 볼지어다 내가 세상 끝날까지 너희와 항상 함께 있으리라 하시니라(마 28:19~20)."

이것은 예수님의 마지막 명령이다. 교회는 이 명령을 교회의 첫 사명으로 받아들여야 한다. 복음을 알리고 하나님을 전하기 위해서 노력해야 한다.

존 웨슬리는 1739년 4월 2일 첫 야외 설교를 시작으로, 50여 년 동안 전도와 선교 여행을 다녔다. 예배당을 사용할 수 없었기에 감리교인들의 집, 옥외,

집회소, 길거리 등 장소를 가리지 않고 전도했다. 영국 전역과 스코틀랜드, 웨일스, 아일랜드 등을 순회하며 전도 집회를 열어 4만 번 이상의 설교를 했다. 웨슬리는 평생 지구 열 바퀴 이상의 거리인 40만 킬로미터를 돌며 전도했는데, 죽기 5일 전에도 32킬로미터 떨어진 곳에 전도하러 갔었다.

성도는 전도해야 한다. 말과 삶으로써 가까운 곳에 전도할 뿐만 아니라 땅끝까지 이르러 선교해야 한다. 집사는 전도로써 교회 부흥에 앞장서야 한다.

3) 봉사

봉사는 내적 성장과 외적 성장을 이룬다. 교회는 서로 섬겨 주는 공동체이며 나아가 세상을 섬기는 공동체다.

"각각 은사를 받은 대로 하나님의 여러 가지 은혜를 맡은 선한 청지기 같이 서로 봉사하라(벧전 4:10)."

하나님이 각자에게 재능을 주신 이유는 그리스도의 몸인 교회를 섬기게 하기 위함이다. 교인은 받은 은사를 자신만을 위해서 사용해서는 안 된다. 서로를 섬기고 봉사하는 일에 사용해야 한다. 이럴 때 교회는 사랑과 섬김이 가득한 공동체가 된다. 내적 성장을 이루는 것이다.

또한 교회는 교인들끼리 서로 섬길 뿐 아니라 세상도 섬겨야 한다.

"인자가 온 것은 섬김을 받으려 함이 아니라 도리어 섬기려 하고 자기 목숨을 많은 사람의 대속물로 주려 함이니라(막 10:45)."

예수님은 세상을 섬기기 위해 오셨다. 십자가의 섬김을 통해서 온 세상을 구원하셨다. 교회는 예수님의 길을 따라 세상을 섬겨야 한다. 구제하고 봉사하는 일에 최선을 다해야 한다. 당장은 교회에 유익이 되지 않는 일이라 할지라도, 아무도 알아주지 않는다 할지라도 교회는 세상을 섬겨야 한다. 이렇게 봉사할 때 건강한 부흥을 맛볼 수 있다.

교회 부흥은 하나님이 원하시는 열매다. 집사는 기도 생활과 전도, 봉사 등으로 교회 부흥에 앞장서야 한다.

권사 과정

2

신약 | 복음서

구약 | 오경

감리회 교리와 의회제도

권사의 직무

신약 | 복음서

1. 성서에 대한 기본 이해

성서는 '하나님의 말씀'이다. 그래서 우리는 성서를 읽으면서 하나님의 말씀을 듣는다고 한다. 성서는 '나'에게 들려지는 '하나님의 음성'이기에 성서를 소설 읽듯이 읽을 수 없다. 그런데 종종 성서를 읽는 사람이 어떤 의도를 가지고 마음대로 이용하는 것을 본다. 이러한 위험은 이단들에게서 더 잘 나타난다. 그들은 열심히 성서를 공부하지만 잘못된 해석을 하며 자신들의 입맛에 맞게 성서를 이용한다.

그러나 성서는 하나님이 하신 말씀을 듣는 통로이고, 성서를 공부한다는 것은 바로 이 통로를 잘 닦는 것을 의미한다. 성서는 하나님의 말씀에 순종하며 그 뜻대로 살겠다는 결심 없이는, 한 글자도 제대로 읽혀지지 않는 신비의 책이다.

2. 복음서들의 성격

신약성서는 네 개의 복음서 곧 마태복음, 마가복음, 누가복음, 요한복음을 담고 있다. 네 개의 복음서가 공통적으로 보여 주는 내용은 예수님은 메시아시며 그분의 수난과 죽음, 부활하심은 하나님의 구원의 역사라는 사실이다. 이러한 복음서는 사람들로 하여금 예수님이 하나님의 아들이며 그리스도라는 사실을 믿고 구원을 얻게 하기 위하여 기록되었다.

복음서를 쓴 저자들은 예수 그리스도에 대한 전기적 서사를 남기고자 한 것이 아니었다. 그래서 예수님의 어린 시절이나 외모, 성품 등의 인간적인 특징, 개인적인 상황에 대해서는 기록하지 않았다. 복음서 저자들은 예수님이 하시는 '하나님의 일'에 모든 관심을 기울였다.

성서가 집중한 예수님의 '일'은 곧 세상을 구원하는 일이었다. 그런 의미에서 복음서는 예수님의 십자가에서의 죽음과 부활을 가장 중요한 사건으로 설명한다.

3. 마가복음

네 복음서 가운데 가장 먼저 기록된 마가복음의 저자는 1장 1절에서 "하나님의 아들 예수 그리스도 복음의 시작이라."고 선언함으로써, 예수 그리스도의 사건을 '복음'으로 규정한다. 마가복음은 예수님 사역의 결정체로 수난과 부활을 보도하고 있으며, 예수님의 수난과 부활을 정점으로 하는 구원의 역사를 강조한다.

마가복음의 특징은 다른 복음서들에 비해 간결하다는 것이다. 네 복음서 중에서 가장 짧은 16장으로 구성돼 있고, 크게 전반부(1~9장)와 후반부(10~16장)로 나뉜다. 이 구분은 지리적인 것으로, 전반부에서는 갈릴리 주변에서 활동하신 예수님이, 후반부에서는 예루살렘에 가셔서 수난과 부활을 겪으시는 예수님의 모습이 나온다. 그래서 갈릴리는 '복음의 땅', 예루살렘은 '수난의 땅'이라고 말하기도 한다.

마가복음은 하나님의 심판을 선포하며 회개의 세례를 주는 세례 요한에 대한 이야기로 시작한다. 세례 요한은 절제하는 자의 상징으로, 예수님의 길을 준비한 인물이다. 예수님은 세례 요한과 만나신 후에 광야에서 시험을 받으신다. 하나님의 아들이 세상에서 처음 부딪힌 사건은 사탄의 시험이었다. 이 시험을 이겨 내신 예수님은 갈릴리로 가셔서 하나님의 복음을 전파하며 "때가 찼고 하나님의 나라가 가까이 왔으니 회개하고 복음을 믿으라(1:15)."고 말씀하신다.

이후 예수님은 귀신들을 쫓고 병자들을 치유하고 바다 위를 걷고 오천 명을 먹이시는 등 여러 기적을 행하신다. 이러한 계시들을 보여 주시면서 동시에 비밀을 지키라고 명령하신다. 귀신들에게 침묵하라고 명하시고, 병 고침을 받은 자들에게도 그것을 말해서는 안 된다고 말씀하신다. 또 예수님은 사람들을 피해 한적한 곳에 가기도 하시고, 하나님 나라의 비밀을 숨기기 위해 비유로 말씀하기도 하신다. 제자들 역시 자신들이 듣고 본 것을 부활 이전에는 말해서는 안 된다. 이처럼 예수님은 자신을 숨기고 싶어 하셨다. 그래서 학자들은 마가복음을 '메시아 비밀 현현(顯現)의 책'이라고도 한다.

4. 마태복음

마태복음은 구약성서와 많은 연결점을 가지고 있다. 예수님에 대해서도 구약의 인물인 모세를 연상시키는 일들을 많이 보여 준다. 구약의 인용문이 많으며, 구약성서의 예언이 예수님에게서 성취되었다는 사실을 다른 복음서보다 더 강조한다. 예수님의 모든 행적은 구약성서가 약속한 것이고 그 예언이 예수님에게서 성취되고 완성되었다는 사실을 강조하며, "이 모든 일이 된 것은 주께서 선지자로 하신 말씀을 이루려 하심이니(1:22)." 등과 같은 보충 설명도 자주 등장한다.

마태복음의 저자는 1장 1절에서 자신의 글을 '책'(우리 성서에는 '계보')이라고 규정하고 있는데, 이를 통해 우리는 저자가 모세 오경과 같은 문헌을 쓰려고 한 것임을 알 수 있다. 그리고 마가복음에 없는 예수님의 족보가 제일 먼저 등장하는데, "아브라함과 다윗의 자손 예수 그리스도의 계보"라고 명시함으로써 아브라함에게 약속하셨던 그 약속의 후손이 예수님임을 강조한다.

마태복음에서 중요한 내용은 산상 설교(5~7장), 제자 파송 설교(10장), 비유 설교(13장), 공동체 설교(18장), 종말 설교(24~25장)로 구성된 다섯 개의 설교문이다. 마태복음의 저자는 자신의 책을 구약성서의 모세오경과 대비되는 책으로 만들었다. 그중에서 가장 중요한 설교는 산상 설교다. 산상 설교의 내용은 그리스도교뿐 아니라 세속사회에서도 자주 인용되는 도덕과 윤리의 원형이다.

산상 설교에는 하나님의 조건 없는 구원의 은혜가 기술돼 있다. 예수님은 이 설교에서 믿는 자들에게 현재의 고통에서 벗어나 의를 위해 노력하라고 요청하신다. 그리고 그들에게 하나님 나라를 미리 맛보는 선물을 주시며 구원의 역사에 동참시키신다.

예수님이 선언하시는 '복되다'라는 말씀은 구원을 의미한다. 누가복음의 평지 설교와 달리, 마태복음에서는 '심령이 가난한 자들은 복되다'고 말하고 있다. 여기에서 '심령이 가난한 자'란 바리새인들이나 서기관들이 자주 스스로를 높이거나(6:2) 자신의 선행을 자랑하는 것(23:2~3)과 비교되는 말로, 초기 그리스도인들은 스스로를 가난한 자라고 말하며 겸손과 절제를 삶의 기본자세로 지키고자 노력했다.

마태복음에서 예수님은 오만하지 않은 자들, 소유가 없는 자들, 자신을 낮은 자로 여기는 자들에게 하나님의 약속이 주어진다고 선언하신다. 즉 하나님 나라에 입장할 수 있는 조건은 겸손하고 낮아지고 '심령이 가난한 자'다. 아무것도 가진 것이 없는 그들은 하나님의 사랑에 붙들렸고, 붙들린 그 사랑을 전할 수밖에 없으며, 강력한 사랑에 전염된 자들이다. 그래서 고통에 힘들어하는 이들을 포용하며 사랑으로 돕는 이웃이 되는 자들이다.

5. 누가복음

누가복음에는 제일 먼저 세례 요한의 출생에 관한 이야기가 나온다. 그리고 예수님의 탄생 이야기 다음에 족보(3:23~38)가 기록돼 있다. 예수님의 족보는 마태복음의 족보와 달리 아담과 하나님에게까지 이어진다. 누가복음의 저자는 예수님의 구원 사역을 세상 전체, 우주 전체의 시각에서 이해하려고 했다. 그래서 세상 구원이라는 우주적 차원의 구원을 강조하고 있다.

또 누가복음에는 교회의 박해를 극복하게 하시는 성령의 역사가 강조되어 있다. 예수님이 안식일에 회당에서 이사야의 글을 읽으실 때도 "주의 성령이 내게 임하셨으니 이는 가난한 자에게 복음을 전하게 하시려고 내게 기름을 부으시고 나를 보내사 포로 된 자에게 자유를, 눈 먼 자에게 다시 보게 함을 전파하며 눌린 자를 자유롭게 하고 주의 은혜의 해를 전파하게 하려 하심이라(4:18~19)."를 인용하신다.

누가복음에는 마태복음의 산상 설교와 같은 평지 설교(6:20~49)가 있는데, 산상 설교보다는 짧고 간추린 내용으로 되어 있다. 산상 설교에서는 마음이 가난한 자와 의에 주리고 목마른 자에게 축복이 선언되는데, 누가복음에서는 강조점이 달라져 가난한 자와 주린 자에게 축복이 선언된다. 누가복음은 예수님이 가난한 자, 소외된 자, 여인들, 이방인들에게 관심을 기울이셨다는 사실을 강조한다.

그리고 누가복음은 예수님의 승천과 재림 사이에 있는 현재의 시간을 강조한다. 구원의 완성은 누구도 모르며 계산할 수도 없다. 누가복음에서 가장 강조하는 점은 예수님의 재림을 막연히 기다릴 것이 아니라 현재의 교회에 이미 구원이 임해 있다는 것이다. 그래서 예수님은 "하나님의 나라는 볼 수 있게 임하는 것이 아니요 또 여기 있다 저기 있다고도 못하리니 하나님의 나라는 너희 안에 있느니라(17:20~21)."고 말씀하신다.

6. 요한복음

요한복음은 크게 전반부와 후반부로 나뉜다. 전반부인 1~12장에는 세상 속에서 활동하시는 예수님에 관한 기록이, 후반부인 13~17장에는 제자들을 향한 당부 말씀이 들어 있다. 후반부를 '제자들과의 고별 이야기'라고 하는데, 여기서의 핵심은 제자들에게 '서로 사랑하라'고 하신 당부와 보혜사 성령을 보내주신다는 내용이다. 그리고 예수님의 수난과 부활이 이어진다.

서두(1:1~18)에는 다른 복음서에 없는 로고스 찬양문이 나오는데, 단순한 서두라고 말하기에는 매우 중요한 주제를 담고 있다. 예수 그리스도의 구원의 역사를 찬양하며 하나님이 주신 계시의 신비에 경외심을 표하고 있다.

요한복음은 '예수님은 누구신가?'라는 물음에 대하여 답을 하고 있다(14:6, "내가 곧 길이요 진리요 생명"). 그래서 예수님이 "나는 —이다."라며 자신의 본질을 정의하시는 장면이 많이 나온다.

계시자 예수님이라고 정의할 때의 '계시자'에는 '모르는 것을 알게 해 주시는 자'라는 뜻이 담겨 있다. 그래서 "나사렛에서 무슨 선한 것이 날 수 있느냐?"라며 회의하던 나다나엘은 예수님을 만난 뒤 자신의 무지를 깨닫는다(1:43~51). 예수님을 만난 니고데모도 자신이 무엇을 알지 못했는지 깨닫고(3:1~15), 물질적인 물만 알았던 사마리아 여인 역시 영원히 목마르지 않는 영생의 생수가 있다는 사실을 깨닫는다(4:1~30).

요한복음 9장에서 예수님은 날 때부터 눈이 먼 사람을 고치시고 "내가 심판하러 이 세상에 왔으니 보지 못하는 자들은 보게 하고 보는 자들은 맹인이 되게 하려 함이라(9:39)."고 말씀하신다. 이를 들은 바리새인들이 "우리도 맹인인가?" 하고 반문하자, 예수님은 "너희가 맹인이 되었더라면 죄가 없으려니와 본다고 하니 너희 죄가 그대로 있느니라(9:41)."고 지적하신다.

이처럼 요한복음은 처음부터 끝까지 보지 못하고 깨닫지 못하는 인간들의 무지함을 깨우쳐 보게 해 주시는 계시자로서의 예수님과, 그분을 믿음으로 얻게 되는 '본질적인 앎'에 대하여 이야기한다.

더불어 요한복음에서 중요한 신학은 구원의 현재성이다. 구원은 나중에 이루어질 미래의 어떤 것이기도 하지만, 지금 이 순간 우리는 이미 구원 안에 있다는 사실을 말해 준다. "나 보내신 이를 믿는 자는 영생을 얻었고 심판에 이르지 아니하나니 사망에서 생명으로 옮겼느니라(5:24)."고 말함으로, 믿는 자는 이미 구원 안에 있고 영생 안에 있음을 강조한다. 미래에 있을 구원 이전에 믿는 자는 현재하는 구원 안에 있다는 것이다.

7. 믿음의 길

복음서에서 하신 예수님의 말씀과 행적을 한마디로 종합하면 '예수님이 하나님의 나라를 미리 사셨다'로 정리할 수 있다. 그렇다면 예수님을 따르는 우리는 주님이 사신 것처럼 그렇게 살아야 한다. 그래서 예수님께서 우리에게 새 계명을 주시며 "너희가 서로 사랑하면 이로써 모든 사람이 너희가 내 제자인 줄 알리라(요 13:35)."고 말씀하신 것이다.

예수님이 전하시는 기쁜 소식은, 언젠가 오게 될 묵시적 미래에 희망을 두는 것이 아니라 이미 하나님의 통치가 시작되고 하나님 나라가 실현되고 있다고 선언한다. 예수님으로 인해 굶주린 자들이 잔치에 초대받고 못 걷는 이가 일어나며 가난한 자는 복이 있다는 소식을 듣는다. 믿는 자들은 이미 천국 잔치에 초대받아서 잔치를 즐기고 있는 자들이다. 그래서 믿음의 길은 복되고 즐겁고 행복한 길이다.

구약 | 오경

1. 오경이란?

오경(Pentateuch)이란 구약성경의 창세기에서 신명기까지의 다섯 권의 두루마리 책을 일컫는 말로, 히브리어 성경인 타낙(Tanak)에서는 율법서(Torah)라는 이름으로 불린다. 여기에는 천지 창조와 처음 사람들, 이스라엘의 조상들의 이야기 그리고 출애굽과 광야 여정이 담겨 있다.

오경의 전반부인 창세기가 모세가 등장하기 이전의 이야기라면, 후반부는 모세 시대의 이야기라고 할 수 있다. 레위인의 가정에서 태어나 애굽의 왕궁에서 자라난 모세는 80세의 나이에, 노예로 전락한 자기 백성 이스라엘을 이끌고 하나님이 조상들에게 약속하셨던 가나안 땅으로 돌아가는 긴 여정을 시작한다. 이스라엘을 내놓지 않으려는 애굽 왕 바로와의 대결이 펼쳐지면서 애굽의 모든 장자가 죽는 재앙이 닥친 후에야 이스라엘은 애굽을 떠날 수 있었지만, 그들의 여정은 처음부터 여러 난관에 부딪힌다.

홍해를 건넌 후 광야에 접어든 이스라엘 백성은 시내산에서 11개월 정도를 머무르며 십계명을 비롯한 하나님의 가르침을 받는다(출 19:1~민 10:10). 이

때 받은 가르침을 가리켜 '토라(Torah)'라고 한다. 오경에 해당하는 히브리어 정경상의 이름 역시 토라다.

토라는 넓은 의미에서 이스라엘에게 주신 하나님의 말씀, 가르침이다. 그 거룩한 가르침이 외형적으로 율법 규정의 형태로 되어 있어 토라를 율법서라고 부르기도 한다. 구약성경을 예루살렘 성전에 비유한다면, 오경은 가장 중요한 부분인 지성소에 해당한다고 여겼다. 그만큼 구약성경에서 가장 중요한 부분으로 인정돼 온 것이다. 그 이유는 그들의 전통 속에서 가장 귀하게 생각해 온 모세와 율법이라는 두 기둥이 서로 얽혀 존재하기 때문이다.

2. 창세기 (Genesis)

1~11장 : 창조와 원역사

12~36장 : 아브라함, 이삭, 야곱의 이야기

37~50장 : 요셉과 그의 형제들 이야기

구약성경과 오경의 첫 번째 책으로 등장하는 창세기(Genesis)의 히브리어 이름인 브레쉬트는 '태초에, 근원에'라는 뜻이다. 이 책은 세상 창조에 관한 일종의 신앙 고백적 언어로 시작한다. 창세기의 전반부(1~11장)는 이스라엘만의 역사가 아닌 인류의 기원과 관련한 이야기이기에 성경 안의 '세계사'라고 불리기도 한다. 또 역사 이전의 역사라는 의미에서 '전역사(前歷史, PreHistory)', '원역사(原歷史, Primeval History)'라고도 불린다.

"태초에 하나님이 천지를 창조하시니라(1:1)."는 대선언은 모든 만물이 하나님으로부터 시작되었음을 선포하고, 특히 인간의 창조에 대해서는 여러 면에서 그 특별함을 강조하고 있다(1:26~31). 성경에는 창조에 대한 내용이 그리 많지 않다. 하지만 창조 신앙은 구원 신앙과 더불어 기독교 신앙의 두 기동을 형성한다.

전역사에는 처음 사람인 아담과 하와의 이야기(3장), 가인이 동생 아벨을 죽인 이야기(4장), 노아 시대의 홍수와 방주 이야기(6~9장) 그리고 바벨탑 이야기(11장)가 등장하는데, 이 이야기들은 인간의 범죄, 하나님의 징벌, 하나님의 은총이라는 세 가지 주제가 반복되는 구조를 보여 준다.

아브라함에서부터 야곱까지의 이스라엘 선조들의 이야기와 야곱의 후손인 요셉과 그의 형제들 이야기를 담는 창세기 후반부(12~50장)는 흔히 '족장사(族長史, Patriarchal History)'라는 이름으로 불린다. 칠십오 세의 나이에 여호와의 말씀을 따라 가나안으로 이주한 아브라함에게 하나님은 가나안 땅을 주겠다는 약속과 후손이 하늘의 별처럼 바다의 모래처럼 많으리라는 약속을 하셨다. 하지만 하나님의 약속이 성취되기까지는 오랜 기다림의 시간이 있었다. 실제로 사랑하는 아내 사라가 죽었을 때, 아내를 위한 매장지조차 없었다. 그래서 아브라함은 헤브론 원주민인 헷 족속(= 히타이트)에게 '막벨라'라는 동굴을 구입해야 했다(23장). 땅에 대한 약속은 이스라엘 민족이 가나안 땅을 차지한 여호수아 시대에 온전히 성취되었다(수 21:43~45).

후손에 대한 약속의 성취도 크게 다르지 않다. 나이가 많은 아브라함은 다메섹 출신의 엘리에셀이라는 사람을 양자로 정하기도 하고(15장), 사라의 여종인 하갈을 통해 아들 이스마엘(= 아랍의 조상)을 낳기도 한다(16장). 그러나 이들은 하나님이 말씀하신 약속의 아들이 아니었고, 아브라함은 100세에 이르러서야 비로소 이삭을 낳는다(21장). 그리고 오랜 세월이 흐른 후, 출애굽 시대에 이르러 후손에 대한 약속도 온전히 성취되었다(출 1:7, 12:37).

아브라함의 아들 이삭은 에서와 야곱이라는 쌍둥이를 낳았고, '이스라엘'이라는 민족의 이름은 야곱의 변경된 이름으로 나타난다(32:28). 야곱은 네 명의 부인에게서 열두 명의 아들(르우벤, 시므온, 레위, 유다, 단, 납달리, 갓, 아셀, 잇사갈, 스불론, 요셉, 베냐민)을 낳았다. 이 형들의 미움을 받아 종으로 팔려간 요셉은 애굽에서 총리가 되고, 아버지 야곱을 비롯한 70명의 가족을 애굽으로 이

주하게 한다. 요셉은 형들에게 자신의 정체를 밝히면서 이스라엘과 세상을 향한 하나님의 구원 계획이 있었음을 고백한다(45:4~5). 이스라엘 선조들 이야기를 마무리하는 창세기의 마지막 두 장(49~50장)은 야곱과 요셉의 죽음을 묘사하면서 해피엔딩으로 마무리한다. 야곱의 열두 아들은 후에 이스라엘을 대표하는 각 지파의 조상이 되는데, 요셉 지파라는 이름은 역사 속에서 사라지고 대신 그의 두 아들 에브라임과 므낫세가 그 자리를 대신한다.

3. 출애굽기 (Exodus)

1장~15장 21절 : 하나님이 이스라엘을 애굽에서 해방하시다
15장 22절~18장 : 하나님이 이스라엘을 광야에서 인도하시다
19장~24장 14절 : 하나님이 이스라엘과 언약을 맺으시다
24장 15절~40장 : 성막 건축, 제사장 직무, 언약 갱신

애굽에 내려와 살던 야곱의 후손, 곧 이스라엘 민족은 애굽의 노예로 전락하고 만다. 애굽의 왕궁에서 자란 모세는 자신의 신분을 깨닫지만, 애굽 사람을 죽인 잘못으로 멀리 미디안 광야로 피해 평범한 목자로 살아간다. 그러던 중에 하나님께 출애굽의 지도자로 부름을 받는다. 모세의 지도 아래 애굽을 벗어난 이스라엘 백성은 해방의 기쁨을 맛보기도 전에, 앞에는 홍해가 있고 뒤에는 애굽의 성난 군사가 쫓아오는 상황에 놓인다. 진퇴양난의 상황에서 하나님은 홍해를 둘로 갈라 주셨다(14:21). 이 사건은 이스라엘 역사에서 가장 중요한 사건으로 남았고, 항상 회상의 대상이 되었다.

홍해를 건넌 모세와 이스라엘 백성은 시내산(Mt. Sinai)에 이르러 약 11개월 정도를 머무르며 하나님의 현현을 경험하고 가르침을 받아 약속의 백성이 된다. 시내산에서 하나님의 가르침, 즉 토라를 받는데, 그 중심에는 모든 계명의

핵심인 십계명이 있다(20:3~17). 하나님은 시내산에서 이스라엘 백성과 특별한 계약을 맺으시는데, 그 내용은 '하나님은 이스라엘의 하나님이 되고, 이스라엘은 하나님의 백성이 된다'는 것이다(19:5~6).

후반부(25~31장)에는 이동식 성소로서의 성막 건립에 대한 이야기가 나온다. 성막은 광야생활 중 하나님과의 만남을 가능케 한 장소였다. 성막은 건축계획에서부터 하나님의 주도하에 이루어졌고, 하나님이 이스라엘의 삶의 한 복판에서 자기 백성과 거주지를 같이 하며 시간과 공간 안에서 항상 그들과 함께하심을 말해 주고 있다.

4. 레위기 (Leviticus)

1~10장 : 제의적 규정
11~16장 : 부정한 것과 정한 것, 대속죄일
17~26장 : 성결 법전
27장 : 헌물에 대한 추가 규정

레위기는 구약성경에 나타나는 이스라엘의 종교적 특성을 가장 잘 보여 주는 책이다. 열두 지파 가운데 하나이자 이스라엘 역사에서 제사장 지파로 자리 잡은 레위의 이름을 따서 지은 이름이다.

여기에는 번제, 소제, 화목제, 속건제, 속죄제 등 구약성경의 각종 제사와 유월절, 맥추절, 초막절, 안식년, 희년 등의 절기와 축제들을 위한 종교적 의식과 규정들을 담고 있다. 특히 성결법전으로 불리는 17~26장은 이스라엘이 거룩한 백성으로 살아가야 하는 이유와 방법을 제시하고 있다. 성막에서 어떤 제사를 드려야 하는지, 그 성막을 중심으로 어떤 삶을 살아야 하는지, 이스라엘 백성들이 행해야 할 종교적 삶에 대해 자세히 다루고 있다.

5. 민수기 (Numbers)

1~9장 : 열두 지파의 자리와 레위인의 직무

10~20장 : 시내산에서 가나안 땅의 경계까지

21~36장 : 요단 동쪽 정복과 모압 체류

민수기라는 이름은 광야에서 있었던 두 번의 인구 조사를 반영한 이름이다(1~4장, 26장). 그러나 민수기의 히브리어 이름은 '베미드바르'로, 그 뜻은 '광야에서'다. 이스라엘 백성은 시내산을 출발해 본격적인 광야 여정을 시작한다(10:11). 낮이면 여호와의 구름기둥이 이끄는 곳으로 이동했고, 밤이면 불기둥이 머무는 곳에 머물면서 약속의 땅을 향해 나아갔다.

민수기는 사람이 살 수 없는 악조건으로 가득한 광야 한가운데서 하나님이 어떻게 자신의 백성을 인도하셨는지, 이스라엘에게 필요한 모든 것을 어떻게 공급하셨는지 보여 주면서, 광야 여정 중에 이스라엘과 함께하신 하나님의 임재와 은혜를 증거하고 있다.

이스라엘이 경험한 광야생활은 극심한 시련과 여러 가지 고난의 연속이었다. 그러나 신앙적으로 볼 때 이 기간은 하나님께서 이스라엘에게 하나님의 백성으로 살아가야 할 규범과 규율을 마련해 주신 은총의 기간이었다.

6. 신명기 (Deuteronomy)

1장~4장 43절 : 역사 회고와 권고

4장 44절~11장 : 율법 선포 준비

12장~26장 15절 : 신명기법전

26장 16절~30장 : 백성과 맺은 언약의 뜻

31장~34장 : 모세의 노래, 축복 그리고 죽음

신명기의 영어 이름 듀트로노미(Deuteronomy)는 '두 번째 주어진 말씀'이라는 뜻이다. 이는 신명기 17장 18절의 '이 율법서의 등사본'이라는 말에서 생겨난 것으로, 이전에 시내산에서 받은 율법을 다시 반복한다는 의미를 담고 있다.

신명기는 모세가 모압 평지에서 행한 세 번의 설교를 담고 있다. 모세는 이스라엘이 하나님의 백성, 선민(選民), 성민(聖民)이 된 것은 그들에게 어떤 자격이 있어서가 아니라 전적으로 하나님의 은총이요, 이스라엘의 특권임을 역설한다. 그러면서 고별 연설을 통해 하나님의 백성답게 살아야 책임을 전한다. 출애굽 후 40년간의 광야생활은 이스라엘이 하나님께 불순종하고 거역한 역사였지만(9:6~7, 24), 이제는 하나님의 말씀에 순종하면서 그분의 백성답게 살아야 할 것을 가르친다(8:11~20). 흔히 '쉐마'라고 불리는 신명기 6장 4~5절은 신명기 전체를 대표하는 말씀일 뿐 아니라, 구약의 신앙을 잘 요약해 주는 말씀이다.

신명기 마지막에는 "너는 그리로 건너가지 못하리라(34:4)." 하신 여호와의 말씀대로 홀로 남아 생을 마감하는 모세의 죽음과 그에 대한 평가를 담고 있는데, 신명기는 구약의 거의 모든 시대를 조망하면서 가장 위대했던 예언자로 모세를 꼽기에 주저하지 않는다(34:10). 모세는 자신의 모든 지도권을 후계자 여호수아에게 넘겨주고 모압 땅에 남아 죽음을 맞이한다. 그러한 모세의 무덤은 지금도 그 위치를 알 수가 없다(34:6).

감리회 교리와 의회제도

1. 감리회 교리

1) 신앙과 교리의 유산

기독교대한감리회는 하나님의 말씀인 성경에 기초를 두고 니케아(325년), 콘스탄티노플(381년), 칼케돈(451년) 신조들과 사도신경을 신앙의 표준으로 삼는 개신교의 전통적 기독교 신앙을 함께 고백한다. 또한 루터교의 아우그스부르크 신앙 고백(1530년), 개혁교회의 하이델베르크 교리문답(1563년), 영국 성공회의 39개조 종교 강령(1562년)에 흐르는 개신교 정신을 중시한다.

(1) 종교 강령

기독교대한감리회는 존 웨슬리가 영국 성공회의 39개조 종교 강령을 25개조로 줄여서 확정 발표한 감리회 종교 강령을 수용한다. 25개조의 내용은 성삼위일체, 말씀 곧 하나님의 아들이 참 사람, 그리스도의 부활, 성신, 성경이 구원에 족함, 구약은 신약과 서로 반대되는 것이 없음, 원죄, 자유의지, 사람을 의롭게 하심, 선행, 의무 외의 사업, 의롭다 하심을 얻은 후의 범죄, 교회,

연옥, 방언, 성례, 세례, 주의 만찬, 떡과 포도즙, 그리스도께서 십자가의 제물 되심, 목사의 혼인, 교회의 예법과 의식, 북미 합중국 통치자, 그리스도인의 재산, 그리스도인의 맹세다.

(2) 감리교 신앙의 강조점

감리교 신앙의 강조점은 기독교의 참된 구원의 진리와 성서적 성결(경건)을 삶 가운데서 실천하는 데 있다. 풀어서 이야기하면 하나님의 은혜 안에서 성서적 구원의 길(여정)을 걸어가는 것이며, 믿음과 사랑을 통해 그리스도인의 완전을 향해 나아가는 실천적 제자의 도리를 구체화하는 것이다.

웨슬리는 이 구원의 길을 선행은총, 회개, 칭의, 성화(마음과 삶의 성결)의 순서로 자세히 설명하고 있다. 충만하고 온전한 구원은 인간의 타락한 본성이 성령의 은혜로 인해 하나님의 형상으로 온전하게 치유됨을 의미한다. 하나님의 창조와 새 창조의 경륜은 개인적 성화, 공동체적 성화, 사회 변혁, 창조의 완성을 포함한다.

① 원죄와 선행적 은혜

원죄로 인해 인간에게 부여된 하나님의 형상이 손상되었기에 인간의 힘만으로는 하나님과의 관계 회복이 불가능하다. 이러한 인간에게 하나님은 먼저 은혜를 주셨다. 이 선행적 은혜로 인해 모든 인간은 하나님이 지속적으로 부어주시는 은혜에 응답할 가능성이 생겼다. 선행적 은혜는 인간이 하나님을 찾는 구원의 첫 열망과 소원을 일으킨다. 이 선행적 은혜 때문에 웨슬리는 예수 그리스도의 속죄의 은혜가 만민에게 값없이 주어진다고 믿었다. 그리하여 감리회 교리에서는 하나님의 주도하심과 함께 하나님 은혜의 보편적 임재와 구원의 가능성을 위한 인간의 자유의지와 응답 가능성을 인정한다.

하지만 선행적 은혜만으로는 구원이 이루어질 수 없다. 다만 우리는 하나님의 선행적 은혜로 인해 하나님의 구원이 모든 사람에게 열려 있음을 믿는다.

② 회개, 칭의와 확증

구원의 순서에 따라 죄인은 죄에 대한 진실한 회개와 그것에 합당한 열매로 하나님께 돌이켜야 한다. 이는 죄를 깨닫게 하시는 하나님의 은혜로 가능하다. 회개는 하나님의 의에 응답하여 죄인인 자신을 하나님 앞에서 바로 보기 시작하는 것이다. 죄인은 스스로의 힘으로는 하나님의 뜻을 행할 수 없다는 자각을 하며 구원의 갈망을 품게 되는데, 이때 오직 믿음을 통해 하나님의 은혜의 자리로 나아가게 된다.

오직 믿음으로 의롭다 함을 얻는 칭의가 참된 의미에서의 구원이다. 감리교회는 종교개혁의 원리인 이신 칭의의 교리를 근본 교리로 계승하고 있다. 칭의는 하나님과의 관계 회복이며 관계의 변화다. 믿음은 전적으로 하나님의 선물이자 은혜이지, 인간의 노력이나 행위로 얻는 것이 아니다. 오직 믿음으로 말미암아 하나님의 은혜를 받아들이게 되며, 하나님과의 올바른 관계 회복을 통해 화해하게 된다. 그리고 믿음으로 그리스도께서 십자가의 승리를 통해 값없이 주시는 구속의 은혜, 속죄의 축복을 받게 된다. 칭의는 아무 공로도 없는 죄인이 오직 은혜로, 그리스도의 공로에 의해 죄 사함을 받는 것이다. 죄와 죽음에서 자유하게 되어 의롭다 하심을 받은 죄인은 이제 성화의 삶으로 나아가게 된다.

③ 성화와 완전

칭의를 통해 죄 사함 받은 우리는 성화와 그리스도인의 완전을 목표로 성장하게 된다. 완전은 인간의 본래적인 하나님의 형상을 회복하고 완성하는 것이다. 그것은 하나님을 전적으로 사랑하고 이웃을 자신과 같이 사랑하게 되는 의미에서의 완전이다.

또한 완전은 예수 그리스도의 마음과 삶에 나 자신을 일치시키는 것이다. 하나님께서 성령의 은사로 우리 속에 부어 주시는 순결하고 완전한 사랑이 충만한 곳에서 죄와 정욕의 권세는 서서히 정복된다.

성화의 과정에 있는 신자들은 성령의 깨우치심으로 죄에 대해 더욱 예민해지며, 유혹과 시험을 이기는 힘을 얻는다. 신자들은 하나님의 성화의 은혜에 응답함으로써 구원의 역사에 동참한다. 성화의 과정에서 인간의 노력과 수고가 필요하지만, 완전에 이르는 것은 하나님의 은사다. 그리스도인의 완전은 인간의 연약함과 한계를 인정하며, 다시 죄로 인해 타락할 가능성을 배제하지 않는 것을 의미한다. 웨슬리는 이 세상에서 순간적인 완전을 인정했다. 그리스도인의 완전은 언제나 소망과 기대를 통해 현실에서 그리스도인의 삶의 목표와 지향점이 되어야 한다.

④ 새로운 창조

감리회의 구원론은 개인 구원뿐 아니라 사회와 국가, 온 세계에까지 하나님의 구원의 뜻이 완성되고 실현되는 것을 목표로 한다.

종말론적인 하나님의 나라가 곧 성경적인 구원의 길이다. 따라서 구원은 현재, 미래에 걸쳐 하나님께서 이 타락한 세계를 새롭게 갱신하고 창조하시는 역사를 포함한다. 타락한 인류와 세상이 하나님의 은혜로 원래의 창조 모습을 회복할 뿐만 아니라, 하나님은 그보다 더 우월한 새로운 창조(새 하늘과 새 땅)를 성취하실 것이다. 하나님의 위대한 약속의 성취를 믿는 감리교 구원론은 창조질서의 회복, 사회 개혁, 정의 실현, 모든 창조 세계에 대한 청지기적 돌봄과 책임을 강조한다.

2) 우리의 신앙 고백

기독교대한감리회는 1930년 기독교조선감리회 제1회 총회에서 채택한 '교리적 선언'과 1997년에 '교리적 선언'을 21세기에 맞게 수정 보완하여 제정한 '감리회 신앙 고백', 이 두 가지를 감리회의 교리적 표준으로 삼고 있다. 감리회 교리적 선언(하나님, 예수 그리스도, 성령, 하나님의 은혜, 성경, 교회, 천국, 영생)과 감리회 신앙 고백(하나님, 예수 그리스도, 성령, 성경, 하나님의 은혜, 교회,

선교, 종말) 모두 8개조로 구성되어 있다.

이 둘 사이의 세부적인 차이는 4조와 5조의 순서가 바뀌어 있다는 점과 감리회 신앙 고백 7조에서 선교를 추가했다는 점이다. 교리적 선언은 전체가 하나로 구성되어 있으며, 감리회 신앙 고백은 각 조가 한 문장, 즉 8개의 문장으로 되어 있다. 또한 감리회 신앙 고백이 웨슬리 신학에 조금 더 밀접하게 기초를 두고 만들어졌다.

감리교회의 사회신경은 감리회에 정의로운 사회 구현에 깊은 관심을 기울여 온 전통이 있음을 알려 준다. 사회신경이 다루는 내용은 하나님의 창조와 생태계 보존, 가정과 성·인구 정책, 개인의 인권과 민주주의, 자유와 평등, 노동과 분배 정의, 복지사회 건설, 인간화와 도덕성 회복, 생명공학과 의료 윤리, 그리스도의 유일성과 정의 사회 실현, 평화적 통일, 전쟁 억제와 세계 평화 등이다.

2. 기독교대한감리회의 의회제도

기독교대한감리회에는 다섯 가지의 의회(당회 · 구역회 · 지방회 · 연회 · 총회)가 있다.

(1) 당회

당회는 감리회 다섯 가지 의회 중 가장 기초 단위의 모임이다. 당회의 구성 요건은 예배 처소와 등록된 입교인(18세 이상 된 세례인으로 담임목사가 예문대로 입교시킨 사람) 12명 이상의 교적을 보유하고 있어야 한다. 교회의 모든 입교인과 연회·지방회에서 해당 개체교회에 파송한 교역자들이 당회의 구성원이 된다. 당회는 정기 당회와 임시 당회로 구분된다. 정기 당회는 11월이나 12월 중에 담임자가 소집한다. 임시 당회는 담임자나 당회 회원 3분의 1 이상의 소집 요구가 있을 때 담임자가 소집한다.

당회 의장은 담임자가 되며, 당회의 직무는 교인(당회 회원) 명부 정리, 교역자와 임원들의 보고를 받는 일, 집사와 권사 선출, 감사와 교회학교장 등 선출, 선출된 각 선교회 회장(남선교회·여선교회·청장년선교회·청년회) 인준, 속회 조직과 속장 선출, 장로 후보자 지방회에 천거, 교인 제명(단, 장로의 경우 당회에서 결의를 받아 지방회에서 처리), 당회원들의 신령상 정황 조사, 신천집사·신천권사 품행 심사와 과정고시를 거쳐 증서 수여 등이다.

(2) 구역회

구역회는 당회(개체교회) 1개소 이상, 입교인 12명 이상, 담임자의 생활비와 각종 부담금을 납부할 수 있어야 구성된다. 구성원은 교회에 속한 모든 목사, 전도사, 교육사, 심방전도사, 장로, 권사, 속장, 선교부장, 교육부장, 사회봉사부장, 예배부장, 문화부장, 재무부장, 관리부장, 남선교회 회장대표, 여선교회 회장대표, 청장년선교회 회장대표, 청년회 회장대표, 교회학교 교장, 당회 서기, 감사와 구역에 소속한 교역자 연회 회원으로 조직한다.

구역회 의장은 감리사가 된다. 다만 감리사의 위임이 있을 경우 담임자가 의장이 될 수 있다. 정기 구역회는 매년 12월 또는 1월 중에 감리사가 소집한다. 임시 구역회는 담임자 또는 구역회 회원 3분의 1 이상의 청원이 있을 때 감리사가 소집한다. 재적 과반수가 참석해야 구역회가 성립되며, 당회 서기가 구역회 서기를 겸임한다. 서기는 구역회 회의록을 작성해 담임자에게 제출하여 보관하게 한다.

구역회의 직무는 담임자와 모든 임원의 보고를 받는 일, 구역 안의 신령상 정황 조사, 전년도 수입·지출 결산 보고와 신년도 예산 확정, 지방회 대표 선출, 고소 사건을 위한 심사위원과 재판위원 임명, 교회 부동산 취득·처분과 임대차, 보상금 유지 관리, 유지재단 편입에 대한 사무 조사 처리, 교회에 기증된 동산과 부동산 처리, 교역자의 이·취임식, 주택·생활비·은퇴와 은급·안식년 등을 협의하고 결정, 교회와 주택 건축에 관한 사항 협의 처리 등이 있다.

(3) 지방회

지방회의 구성 요소는 23개소 이상의 구역과 10명 이상의 연회 정회원이다. 단 국외 지방회는 선교지방회로 10개소 이상의 구역과 8명 이상의 연회 정회원으로 구성된다.

지방회 의장은 감리사가 된다. 지방회는 해당 지방회에 소속한 연회 회원(정회원·준회원·협동회원)인 교역자, 지방회 교회에 파송 받은 장로, 서리담임자와 전도사(수련목회자·군목 및 선교사 후보·기관목회자), 각 구역에서 선출한 대표들, 남선교회지방회연합회 회장, 여선교회지방회연합회 회장, 청장년선교회지방회연합회 회장, 교회학교지방회연합회 회장, 청년회지방회연합회 회장으로 조직한다.

정기 지방회는 매년 1~2월 중에 소집한다(임시 지방회는 필요시에 지방회 실행부위원회 결의로 감리사가 소집). 지방회의 직무는 진급 과정 중에 있는 장로를 심사하고 안수하며 신천·복권·이명 장로를 파송한다. 또 교역자 연회 회원 허입 청원, 각 부 총무와 각 위원(실행부위원·인사위원·미자립교회대책 및 교회실태조사위원·교역자특별조사처리위원) 선출, 공천위원회 구성, 심사위원과 재판위원 선출, 각 교회별 재정 현황 조사와 부담금 배정, 교회 자산 조사와 그 자산의 유지재단 편입과 등기 여부 조사, 구역회 회의록 조사, 연회에 참석할 평신도 대표 선출, 남선교회·여선교회·청장년선교회·청년회·교회학교지방회연합회 회장 인준 등이 있다.

(4) 연회

기독교대한감리회는 행정 구역, 교회 분포 상황 등을 고려하여 연회와 지방회 경계법이 정하는 바에 따라 서울연회, 서울남연회, 중부연회, 경기연회, 중앙연회, 동부연회, 충북연회, 남부연회, 충청연회, 삼남연회, 호남연회, 미주특별연회, 서부선교연회를 둔다.

정기 연회는 매년 4월 혹은 5월 중에 감독이 소집하며, 연회 의장은 감독이

맡는다. 연회는 정회원 교역자들과 이와 동수로 각 지방회에서 선출한 평신도 대표들, 준회원, 협동회원으로 조직한다.

연회에서 이루어지는 일들은 다음과 같다. 모든 회원(정회원·준회원·협동회원)의 보고를 받고, 회원의 허입·휴직·퇴회·면직·은퇴 등을 처리하며, 품행을 심사하여 목사 안수를 준다. 선교 사업, 교육 사업, 사회와 기관 사업의 형편을 조사하여 그 발전 방법을 연구 실천케 한다. 감리사를 선출하며 감독과 연회 서기, 각 지방회 감리사와 각 지방회 평신도 대표로 연회실행부위원회를 조직한다. 총회에 참석할 대표와 감리회본부 각 국 위원들과 각 신학교 이사들을 선출한다.

(5) 총회

총회는 감리회의 입법과 행정에 관한 사항을 관장하는 최고 의회로서, 감리회의 주요 정책과 행정 사항을 심의 의결하며 선출된 감독과 감독회장의 취임식을 거행한다. 단, 입법 업무는 총회 안에 입법의회를 따로 설치하여 전담하게 한다.

총회는 각 연회에서 선출한 교역자 대표와 평신도 대표 1,500명 이내로 구성하는데, 교역자와 평신도를 동수로 한다. 또한 선출직 대표를 구성할 때 15퍼센트는 여성 대표로 한다. 감독회장이 총회의 의장이 된다.

총회의 직무는 감리교회의 총괄적 정책 수립, 감리회 본부 설치, 감독과 감독회장 선출, 감독과 감독회장 이·취임식, 교역자 수급과 고시위원회 구성, 각 재단의 설립과 관리, 각 기관 이사와 위원 파송, 감리회 산하 신학대학교 또는 대학교 총장 인준, 입법의회 회원 선출, 총회 심사위원회·특별심사위원회·재판위원회·특별재판위원회·행정재판위원회·선거관리위원회·장정유권해석위원회·감리회 본부 감사위원회 조직 등이 있다.

권사의 직무

1. 권사, 어떤 존재인가?

권사의 정체성을 이해하고 직무를 알기 위해서는 먼저 교회는 무엇이며 그 임무는 무엇인지 알아야 한다.

모든 성도가 서로를 존중하며 조화롭게 공동체를 이루고 성경의 가르침을 따라 협력하는 일에는 규칙이 필요한데, 이러한 규칙을 모아 정리한 것이 『교리와 장정』이다. 『교리와 장정』에 나타난 교회의 정의를 살펴보면 '교회는 예수 그리스도를 구주로 고백하고 구원을 얻은 이들이 모인 공회로, 하나님의 말씀을 전파하고, 그리스도의 명령을 따라 성례를 행하며, 세상과 사회 속에서 하나님의 뜻을 실현하는 사명을 지닌 신앙 공동체'다. 그리고 말씀 전파, 성례 실행, 교인 양육, 교제와 섬김과 봉사, 개인과 사회 차원에서의 성화 추구 등이 교회가 감당하는 주요 직무다. 권사는 집사, 장로와 함께 평신도 임원 반열에 서서 교회의 직무 완수를 위해 최선을 다해야 한다.

권사는 다른 교회 임원들과 함께 팀을 이루어 일하는 지체다. 교회는 전문 훈련을 받은 교역자들을 중심으로 모든 성도가 한 몸으로 존재하며 움직이는 공동체다. 권사는 이런 사실을 인식하고 교회 공동체 속에서 자신의 직무를 잘 감당할 수 있도록 능력을 갖춰야 한다. 권사가 되었다고 자동으로 그 사명을 완수할 수 있는 것이 아니다. 계속해서 훈련받으며 소양을 갖추고 성장을 거듭해야 한다.

2. 권사의 직무는 무엇인가?

『교리와 장정』은 '교인들의 신앙생활을 지도하고 권면하는 존재'로 권사를 규정하고 있으며, 권사의 직무를 다음의 네 가지로 정하고 있다.

첫째, 담임자의 지도에 따라 기도회를 인도한다.

둘째, 신자들을 심방하고 낙심한 이들을 권면하며 불신자에게 전도한다.

셋째, 속회를 분담하여 성경을 가르치며 신앙생활을 지도한다.

넷째, 자기가 수행한 직무를 정해진 서식에 따라 당회, 구역회에 보고한다.

정리하자면 권사의 직무는 기도회 인도, 신자 심방, 낙심자 권면, 불신자 전도, 속회를 인도하며 성경을 가르치고 신앙생활을 지도하는 일, 직무 수행 상황 보고 등이다.

3. 권사의 주요 직무, 어떻게 감당할 것인가?

1) 기도회 인도

권사의 직무 가운데 기도회 인도가 첫 번째 항목으로 제시되어 있다. 교회 안에는 다양한 소그룹들이 조직되어 있는데, 각 소그룹 활동의 중심에는 기도회가 존재한다. 권사는 각 소그룹의 지도자가 되어 기도회를 인도할 수 있어야 한다.

(1) 담임자의 지도에 따라 기도회를 인도한다.

『교리와 장정』은 기도회 인도를 '담임자의 지도에 따라' 행하라고 규정하고 있다. 기도회는 자기 마음대로 인도하거나 자기주장을 펼치는 시간이 아니다. 성경의 정신에서 벗어나지 않아야 하며, 공동의 관심사와 담임자의 목회 방침에 따라 기도회를 인도해야 한다. 조금이라도 확신이 서지 않는 부분이 있다면 담임자를 찾아가 지도를 구해야 한다.

(2) 규칙적으로 기도회를 인도한다.

분주한 일상 속에서 복잡한 문제들을 다루다 보면 자신도 모르는 사이에 삶의 중심이 흔들리게 된다. 마음 중심이 하나님에게서 이탈하면, 세상일이 마음을 사로잡기 시작한다.

이때 일어나는 일이 염려와 근심이다. 무엇을 먹을까, 무엇을 마실까, 무엇을 입을까 염려하는 일은 삶의 중심이 흔들리기 시작했음을 의미한다. 따라서 마음 중심을 다시 하나님과 그의 나라로 전환하고 흔들리는 믿음이 견고하게 서도록 규칙적으로 하나님께로 나아가야 한다.

(3) 기도회를 통해 꾸준히 성장한다.

기독교 신앙은 하나님을 내 생명과 삶의 주인으로 모시는 결단에서 출발한다. 하나님과 그분의 뜻이 내 삶의 기준이 될 때, 사는 이유와 목적을 바르게 세우게 되며 주님이 주시는 사명을 깨닫게 된다. 교회와 성도들의 신앙이 성장하려면 꾸준히 하나님과의 관계를 들여다보고 점검해야 한다. 하나님이 여전히 내 삶의 중심이심을, 오직 하나님만이 내 삶의 주인이심을 고백하는 일이 필요하다.

기도회를 통해 하나님 앞에 서는 일을 반복함으로써 우리의 근본을 다시 직시할 수 있다. 기도회 인도자는 이러한 목적을 명심하면서 기도회가 생각 없이 반복되는 무의미한 시간이 되지 않도록 해야 한다.

2) 신자 심방

신앙은 예수 그리스도를 구주로 고백하고 성서의 가르침을 받아들일 때 비로소 시작된다. 하나님은 천하 만물과 인생을 창조하셨고, 만물이 상호 존재하는 법칙을 부여하셨으며, 인간에게는 법도를 주셨다. 만물과 인간은 이 법도에 순응할 때 조화롭고 복된 삶을 영위할 수 있다. 예수 그리스도를 영접한다는 것에는 이러한 존재 원리를 긍정하고 따르겠다는 다짐을 포함한다.

하지만 이 사실을 받아들였다 해도 이것을 마음에 새기고 내 삶의 근거가 되게 하는 일은 쉽지 않다. 수영 이론을 배웠다고 해서 바로 물속에 들어가 수영을 할 수 없는 것과 마찬가지다. 성경의 가르침 역시 충분히 반복 훈련하여 몸에 배었을 때 삶을 변혁시키고 운명을 바꾸는 능력으로 작동한다.

문제는 이 과정에서 포기하거나 의욕을 잃거나 잘못된 길로 옮겨 가는 사람이 발생한다는 점이다. 그럴 때 가장 필요한 것은 앞서 간 신앙 선배의 지도와 격려일 것이다. 우리는 이것을 심방이라고 한다.

그러나 교회 임원이라고 해서 누구나 다른 이를 지도할 수 있는 것은 아니다. 심방자의 역할을 감당하기 위해서는 지속적으로 성경을 배우며 그 깊이를 더하고, 신앙생활에 꾸준한 성장을 보이면서 다른 이들의 본이 되고, 다양한 경험을 쌓아야 한다. 또 심방자로서의 역량을 향상시키기 위해 심방 현장에서 방법을 익히며 끊임없이 노력해야 한다.

3) 낙심자 권면

낙심자 권면은 큰 그림으로 보면 심방 활동에 속하는 직무라고 할 수 있다. 심방이 필요한 경우가 많지만 그중에서도 가장 극단적인 경우가 낙심자라고 할 수 있다. 왜냐하면 낙심자란 신앙생활의 의지를 잃고 교회 출석을 포기한 사람을 의미하기 때문이다. 그러므로 낙심자 권면이라는 권사의 직무는 아무리 강조해도 지나치지 않는다.

(1) 낙심 이유 파악하기

낙심자 권면은 낙심의 이유를 파악하는 일에서 시작된다. 낙심의 이유는 대부분 다음의 두 가지 중 한 가지일 것이다.

첫째는 기독교 신앙에 대한 이해 부족에서 발생한 낙심이다. 성경은 만물의 존재 시작에서 인간 삶의 도리와 역사의 종말, 궁극의 미래까지 포함하는 심오하고 포괄적인 가르침이나, 단번에 터득하거나 쉽게 정복할 수 있는 내용이 아니다. 예수님의 열두 제자만 보더라도 이 사실을 확인할 수 있다. 열두 제자는 예수님의 권위 있는 가르침과 그가 행하시는 표적들을 보고 부르심에 응답했다. 그러나 예수님의 공생애 기간 동안의 모습을 보면 제자들이 예수님의 사명과 사역, 가르침을 제대로 이해하지 못하고 있음을 알 수 있다. 심지어 예루살렘에서의 환난을 몇 번씩 예고하셨고, 그 예고대로 십자가를 지기 위해 예루살렘으로 올라가는 상황에서도 제자들은 눈앞의 십자가 고난을 보지 못했다. 오히려 예루살렘 여정을 출세 길로 이해하고 예수님의 좌우 요직을 놓고 청을 넣는 제자들도 있었다. 제자들은 예수님의 부활 소식을 들은 후에야 비로소 예수님의 가르침에 눈을 뜨기 시작했다. 우리도 기독교 신앙의 본질을 이해하기까지 충분한 시간을 씨름해야 한다. 그 과정에서 사탄이라는 말을 들었던 베드로처럼, 자리 다툼을 했던 야고보와 요한처럼, 십자가 앞에서 낙심했던 제자들처럼 낙심하거나 실족하는 일이 일어날 수 있다.

둘째는 교회 공동체나 교인들과의 관계에서 실망해 낙심하는 경우다. 교회는 하나님의 자녀로 살기로 결단한 사람들의 모임이다. 그리고 신앙의 목표는 예수 그리스도의 장성한 분량이 충만한 데 이르는 것이다(엡 4:13). 그러나 그것은 최종 목표일 뿐, 대부분의 사람들은 그 과정 중에 있다. 대부분의 기독교인은 완전에 이른 존재가 아니라 여전히 옛 습관과 정신에 지배당하고 있기에, 교회 안에서도 크고 작은 갈등과 충돌이 끊임없이 발생한다. 이러한 일로 인해 실망하거나 상처 입은 교인들이 낙심하는 것이다.

(2) 부모의 심정으로 권면하기

낙심자를 권면하는 권사는 재판관이 아니다. 사건을 정확하게 분석하고 판단하려는 자세로 접근하는 것은 좋은 방법이 아니다. 낙심자를 대할 때는 상황을 정확하게 파악하되 정죄하거나 판단하는 마음을 내려놓아야 한다. 선입견을 버리고 대화하면서 그가 실족한 이유를 조심스럽게 파악해야 한다. 진지한 자세로 대화하되 존중하고 소중히 여기는 마음자세를 가져야 한다. 낙심한 그가 회복하는 과정을 통해 성숙한 신앙인으로 거듭날 것을 확신하며, 자녀를 돌보는 심정으로 인내하며 권면한다. 자상한 격려와 따뜻한 돌봄으로 낙심자들이 신앙의 더 깊은 단계로 나아갈 수 있도록 인도한다.

(3) 공감하기

상처받은 낙심자의 말을 충분히 듣고 공감하는 일은 권사가 갖춰야 할 필수 자질이다. 이때 공감한다는 것은 무조건 긍정한다는 의미가 아니다. 내 생각과 판단을 모두 내려놓고, 힘들어하는 낙심자의 마음, 감정, 생각에 내 마음을 포개는 것이다. 쓰러진 이의 아픔과 상처에 공감해 줄 때 그는 다시 일어설 힘을 얻는다.

하나님의 말씀을 따르는 성도들은 함께 성장 과정에 있는 사람들이다. 상처를 보듬어 주면서 완전에 이르기까지 함께 성장해 가는 것이 교회 공동체의 목표임을 이해시키는 일도 필요하다.

(4) 인내심을 가지고 관계 맺기

낙심자가 한두 번의 만남으로 회복되면 감사하지만, 그렇지 못한 경우가 더 많다. 사실 낙심자의 상황을 한두 번의 심방으로 다 파악하고 문제를 해결해 주는 것은 힘든 일이다. 그러므로 처음부터 여러 번 만나서 권면할 계획을 세우고 인내심을 가지고 접근한다. 여러 차례 낙심자를 만나면서 그가 하나님과의 관계 속에서 문제를 풀어갈 수 있도록 도와준다.

(5) 목회자와 소통하기

권면의 과정에서 목회자와의 소통은 매우 중요하다. 낙심자의 상황을 목회자에게 전달하여 목회와 양육의 한 부분이 되게 한다. 또한 목회자와 소통하면서 낙심자 권면에 필요한 통찰과 지혜도 얻는다. 낙심자의 권면 과정에서 필요하다고 판단되면 목회자와의 만남도 주선한다.

4) 불신자 전도

마태복음은 예수님의 마지막 지상 명령을 다음과 같이 전한다. "너희는 가서 모든 민족을 제자로 삼아 아버지와 아들과 성령의 이름으로 세례를 베풀고 내가 너희에게 분부한 모든 것을 가르쳐 지키게 하라 볼지어다 내가 세상 끝날까지 너희와 항상 함께 있으리라 하시니라(마 28:19~20)." 이렇게 전도는 예수님이 주신 지상 명령으로 평가되었다.

사도행전 역시 예수님이 마지막으로 남기신 명령이 전도임을 전한다. "오직 성령이 너희에게 임하시면 너희가 권능을 받고 예루살렘과 온 유대와 사마리아와 땅 끝까지 이르러 내 증인이 되리라 하시니라(행 1:8)." 사도행전은 이후 초대교회 일꾼들인 예수님의 열두 제자, 특히 사도 바울의 선교 활약을 전함으로써 예수님의 마지막 명령이 어떻게 실현되었는지 보여 주고 있다. 이처럼 불신자 전도는 예수님의 지상 명령에 기반을 두고 있다.

(1) 내가 만난 하나님 전하기

전도가 지상 명령이기 때문에 힘들어도 어쩔 수 없이 감당해야 한다고 생각하면 오해다. 사도행전 1~2장에 나오는 열두 제자를 포함한 백이십 명의 신도들은 괴로움을 참으며 억지로 전도의 길에 나선 사람들이 아니었다. 예수님의 가르침이 준 감동, 그리스도의 죽음과 부활을 목격하는 과정에서 경험한 하나님의 능력과 깨달음이 그들에게 자발적인 증언자의 삶을 살게 했다. 그리스도의 십자가 죽음과 부활, 승천 등의 극적인 변화를 경험한 사람들은 그냥 조용히 살 수 없었다. 예수 그리스도라는 복음이 자신의 인생만 바꾼 것이 아니라 회개와 구원을 통해 모든 죄인의 운명을 확실하게 변화시키리라는 사실을 알고 있었기 때문이다. 이러한 사실을 깨달은 사람은 사도행전의 신도들처럼 절실한 마음으로 증인의 삶에 나서지 않을 수 없다.

따라서 불신자 전도는 의무로 받아들여야 할 직무가 아니다. 마음속에서 자연스럽게 우러나와 감당하기를 소원하며 무엇보다 자신의 영적 성장을 위해 힘써야 한다.

(2) 기쁨과 감사로 전도하기

예수님의 마지막 당부 말씀처럼 전도는 성도에게 주어진 사명이다. 그러나 전도는 결코 쉬운 사명이 아니다. 그 실행 과정에 고난, 희생, 멸시, 핍박이 따를 수 있다. 그럼에도 감당해야 할 사명이다.

빌립보서는 로마 감옥에 투옥된 바울이 빌립보 교회 성도들을 향해 기록한 격려와 위로의 편지다. 여기에서 사도 바울은 '기뻐하라'고 당부한다. "이와 같이 너희도 기뻐하고 나와 함께 기뻐하라(빌 2:18)." 복음 전하는 일로 투옥돼 있던 바울은 결코 기뻐할 수 있는 상황이 아니었다. 그런데도 성도들에게 나와 함께 기뻐하라고 당부하고 있다. 어떻게 이런 일이 가능할까?

복음 전파를 통해 영혼을 구원하는 일보다 더 귀하고 가치 있는 일이 없기 때문이다. "진실로 너희에게 이르노니 만일 찾으면 길을 잃지 아니한 아흔아홉 마리보다 이것을 더 기뻐하리라 이와 같이 이 작은 자 중의 하나라도 잃는 것은 하늘에 계신 너희 아버지의 뜻이 아니니라(마 18:13~14)." 잃어버린 영혼을 찾는 일이 하나님의 뜻을 이루는 것이고 하나님께서 가장 기뻐하시는 일이기 때문이다.

그러기에 어려움이 따를지라도 영혼을 살리는 전도자의 사명은 기쁨과 감사함으로 감당해야 한다.

(3) 충분한 관계 형성으로 전도하기

전도의 방법은 다양하지만 내가 능숙하게 실천할 수 있고 효과적인 결과를 얻을 수 있는 방법을 찾는 것이 중요하다. 나만의 전도 방법을 갖는 것이 불신자 전도에 있어 중요한 요건이라는 말이다.

이따금 "예수 천당, 불신 지옥!"을 외치고 다니는 사람들을 만날 수 있다. 그런 방식의 전도는 전혀 의미가 없다고 할 수는 없지만, 의도한 결과보다는 오히려 거부감과 혐오감을 불러일으키기 쉬운 것이 사실이다. 불특정 다수를 향한 다양한 전도 방법들은 나름 의미가 있고 계속 실천해야 할 이유도 있다. 하지만 그보다는 상호 신뢰 관계가 형성돼 있는 관계망 속에서 신앙을 주제로 대화를 나눌 수 있는 사람들을 먼저 주목해야 한다. 관계가 충분히 형성된 사람들 중에서 전도 대상자를 결정하고, 사랑의 마음으로 다가가서 충분한 대화를 하면서 신앙을 받아들이도록 인도하는 시간을 갖도록 한다.

(4) 현장 경험 쌓기

전도 능력은 어느 날 갑자기 하늘에서 떨어지는 것이 아니다. 누구나 처음에는 부끄러워 포기하거나 용기가 나지 않아 주저할 수 있다. 그래서 사전에 충분히 연구하고 생각하고 준비해야 한다. 어떻게 대화를 시작해서 복음을 소개하고 마무리할 것인지 연구해야 한다. 그럼에도 막상 현장에 나가면 말문이 막히거나 예상치 못한 상황에 당황하게 된다. 그래서 현장 경험을 쌓는 일이 필요하다. 실수를 거듭할지라도 포기하지 않고 되풀이하는 과정에서 숙달된 전도자가 될 수 있다. 이는 하루아침에 뛰어난 연주자가 될 수 없는 이치와 같다. 끊임없는 도전과 포기하지 않는 의지, 다양한 경험의 축적 과정에서 하나님이 기뻐하시고 귀히 쓰시는 전도자로 성장하는 것이다.

(5) 구체적인 계획과 훈련으로 훌륭한 전도자 되기

전도 직무를 잘 감당하기 원한다면 구체적인 자기 훈련이 있어야 한다. 관련 도서를 읽고, 훈련 기회를 놓치지 않으며, 복음 제시 능력을 향상시키는 등 전도자 자질을 높이는 활동을 지속해야 한다. 담임자에게 추천받아 전도 관련 책을 읽고, 그 내용을 자기 방식으로 정리한다. 정리한 내용을 복습하면서 내 것으로 숙달하는 시간을 갖는다.

그리고 내 관계망 안에 있는 사람들을 대상으로 전도 명단을 만든다. 그 사람들의 형편과 사정을 떠올리면서 어떤 방식으로 접근할 것인지 계획한다. 내 삶을 바꾸고 또 내 운명과 영원한 미래를 걸기로 한 기독교의 진리를 어떻게 설명할 것인지 체계적으로 정리해 실전에서 적용한다. 이러한 구체적인 준비와 훈련이 기본이 될 때, 훌륭한 전도자로 쓰임 받게 된다.

5) 속회 지도자 역할 감당

권사는 당회의 결정에 따라 속회 지도자로 활동하게 된다. 속회 지도자는 속회 예배를 인도하는 차원을 넘어 속회원들의 신앙생활을 지도해야 할 책임을 가진다. 즉 속회 지도자로서 권사가 감당해야 할 직무는 돌봄, 양육, 훈련 등 다양한 영역을 포함한다.

예배를 인도하고 성경을 가르칠 뿐 아니라 때로는 속회원의 어려움을 듣고 지도하는 상담자 역할도 해야 하고, 전도 활동을 할 때에는 전도팀장의 역할도 해야 한다. 또 교회와 속회를 연결하는 고리 역할도 감당해야 한다. 이와 같이 포괄적인 역할을 감당하는 속회 지도자는 부단한 노력과 자기 성장을 통해 완수할 수 있는 사명이다.

(1) 예배를 인도하고 모임을 이끄는 역할

속회 지도자가 가장 많이 하는 일은 예배를 인도하고 모임을 이끄는 일이다. 속회로 모이면 반갑게 인사를 나누며 예배에 임할 준비를 돕는다. 지난 주 말씀 적용이 잘 이루어졌는지 확인하며 서로의 경험을 나누는 것이 좋다.

말씀을 나누기 전에 오늘의 말씀과 연관된 찬송가를 부르면서 마음을 열도록 인도한다. 기도 후 성경 본문을 정독하되 핵심적인 구절은 반복해 읽으며 충분히 이해하게 한다. 속회공과의 내용을 설명하고 이해의 깊이를 더하기 위해 대화를 나눈다. 말씀에서 얻은 교훈을 일상생활이나 삶의 문제와 연결해 생각한다. 그리고 어떻게 적용할 것인지 돌아가며 발표한다.

이어 말씀 적용을 위해 통성으로 기도하고, 서로의 고민과 문제를 위해 중보기도하는 시간을 갖는다. 이때 속회원들의 문제뿐 아니라 교회 현안과 사회적 과제에 주목하면서 이를 위해 기도하는 일도 필요하다. 예배를 마치고 다과를 나누며 교제할 때는 불만을 쏟아 놓거나 누군가를 험담하는 시간이 되지 않도록 지도하는 일이 중요하다.

(2) 교회와 속회 사이의 교량 역할

성경은 교회를 몸으로, 성도들은 몸을 이루는 지체로 비유한다. 따라서 지체인 성도들이 몸인 교회로부터 부여 받은 사명들을 잘 감당할 때 교회는 건강하게 성장할 수 있다. 그런데 이러한 사명들이 큰 계획 속에서 원활하게 진행되려면 몸인 교회와 지체들 사이의 소통이 무엇보다 중요하다. 권사는 목회자의 목회 방침과 지도력에 협력하면서 교회와 속회 사이에서 교량 역할을 잘 감당해야 한다. 홀로 강력한 속회가 되는 일보다 교회에서 부여받은 역할을 한마음으로 감당하는 속회가 되는 일이 더 중요하다.

(3) 양육자 역할

"오늘 내가 네게 명하는 이 말씀을 너는 마음에 새기고 네 자녀에게 부지런히 가르치며 집에 앉았을 때에든지 길을 갈 때에든지 누워 있을 때에든지 일어날 때에든지 이 말씀을 강론할 것이며(신 6:6~7)."라는 명령의 수령 대상은 제사장도 선지자도 아니었다. 바로 각 가정의 아버지였다. 한 사람을 하나님의 백성으로 만들 수 있는 환경은 끊임없이 대화하고 소통하며 영향을 줄 수 있는 가정뿐이기 때문이다.

교회도 마찬가지다. 건강하고 성숙한 성도는 소그룹 환경, 즉 속회에서 양육된다. 전교인이 함께 드리는 예배와 이때 듣는 설교는 신앙생활에서 매우 중요하다. 그러나 듣는 행위로만은 성숙한 신앙인이 될 수 없다. 듣고 배운 말씀을 속회라는 소그룹에서 서로 질문하고 답하며 깊이 이해하고 일상에서 적용할 수 있게 된다. 그리고 이러한 활동이 반복되는 과정에서 하나님의 말씀이 그 사람의 인격과 성품에 새겨진다.

이처럼 속회는 성도가 성숙한 신앙인으로 성장하는 일에 있어 매우 중요한 역할을 담당한다.

(4) 상담자 역할

속회 지도자들은 삶의 다양한 문제로 인하여 고민하고 힘들어하는 속회원을 종종 만난다. 그럴 때는 마음을 터놓고 대화할 수 있는 상담자가 되어야 한다. 그러나 상담은 좋은 마음을 가지고 있다고 해서 감당할 수 있는 것이 아니다. 모든 부모가 자식이 잘되기를 바라나, 자녀들을 모두 훌륭하게 키우는 것은 아니라는 점에서 확인할 수 있다. 자녀를 잘 양육하기 위해서는 부모로서의 능력을 키워야 하는 것처럼, 속회 지도자도 스스로 훈련하고 공부하지 않으면 상담자의 역할을 감당하기 힘들다.

상담은 해결 방법이나 답을 주는 과정이 아니라 내담자의 혼란한 마음이 안정을 찾고 스스로 답을 찾아가도록 안내하는 과정이다. 속회원의 고민 중에는 관련 지식이나 정보가 부족해 문제가 발생한 경우도 있지만, 얽힌 인간관계에서 발생한 감정의 혼돈이 원인인 경우가 적지 않다. 때문에 내담자의 입장에 충분히 공감하면서 들어주기만 해도 문제 해결의 방법을 찾는 경우가 많다. 그런 의미에서 권사는 상대방의 소리에 경청하는 능력을 개발해야 한다. 상황을 정확하게 인지하면서 오롯이 상대방의 이야기에 공감하며 들어준다면, 고민과 고통을 쏟아내던 사람은 자연스럽게 문제를 직관하는 자신을 만나게 될 것이다.

(5) 전도팀장 역할

전도는 예수님이 모든 기독교인에게 주신 사명이다. 따라서 속회원들 역시 전도를 함께 감당해야 할 중요 사명으로 받아들여야 한다. 노방 전도, 축호 전도 등 다양한 방법이 있지만, 가장 기본은 일상생활에서 자주 만나는 사람들에게 복음을 전하는 일이다. 이를 위해서는 그들에게 신앙인으로서 인정받고 영향력을 확보하는 일이 우선되어야 한다. 그것이 복음을 전할 수 있는 바탕이 되기 때문이다. 일단 설득하는 일에 성공했다면, 교회에 소속해 스스로 신앙생활을 지속할 수 있을 때까지 관심을 보이며 잘 적응하도록 돕는다.

속회 지도자는 속회원들이 이러한 전도 역량을 갖출 수 있도록 격려하며 훈련시키고 세심하게 지도해야 한다. 속회는 열린 공동체가 되어 관심 있는 사람이 언제든지 함께 참여할 수 있도록 하고, 그들이 교회의 성숙한 지체가 되기까지 적극 도와야 한다.

(6) 특별 활동 리더 역할

예수님은 마태복음 7장에서 거짓 선지자를 삼가라고 경고하시며, 열매를 보면 그가 어떤 인물인지 판단할 수 있다고 말씀하셨다. 신앙의 진정성은 기도와 찬양과 예배의 자리에서가 아니라 일상생활에서 드러난다는 뜻이다. 예배의 자리에서 확인된 신앙은 하나님의 뜻에 순종하는 일상의 모습으로 입증되어야 한다.

그렇다면 속회의 진정성 역시 속회원들의 생활 현장에서 입증되어야 마땅하다. 예배의 자리에서 받아들이고 결심한 깨달음은 초대 교회처럼 서로 돕고 격려하고 사랑을 나누는 삶의 모습으로 생생하게 실현되어야 한다. 힘들고 어려울 때마다 내 일처럼 돕고, 경조사에 함께하며, 하나님의 백성으로서 한 가족이 되어야 한다. 이런 의미에서 속회 지도자로 임명된 권사는 특별 활동 리더의 직무를 갖는다.

4. 권사의 기타 직무

위에서 설명한 직무 외에도 권사는 당회원과 구역회원으로서의 책임을 감당해야 한다. 당회와 구역회의 결의를 따라 개체교회의 일곱 부서(선교부 · 교육부 · 사회봉사부 · 예배부 · 문화부 · 재무부 · 관리부)에 속해 활동을 하거나 지방회 등의 회원이 되어 임무를 감당할 수도 있다. 따라서 권사는『교리와 장정』의 내용들을 공부할 필요가 있다. 당회에서 결의한 교회의 목표와 과제 달성을 위해 기도하고 사역 현장에 능동적으로 동참한다. 구역회와 당회의 결정에는 교회 구성원들이 힘을 모아 실천하고 감당하겠다는 뜻이 담겨 있기에, 다른 사람이 해야 할 책임이라고 생각하는 것은 옳지 않다. 그러므로 권사의 기타 직무라고 해서 그 중요성이 덜하지 않다.

권사는 교회 임원의 한 사람으로서 보고서를 제출해야 한다.『교리와 장정』은 당회의 직무에 "당회는 교역자를 포함한 모든 임원의 보고를 받는다"고 정하고, 구역회 직무에서는 "구역회는 담임자와 모든 임원의 보고를 받는다"고 규정한다. 여기서 말하는 보고는 기독교대한감리회가 정한 양식에 따라 문서로 제출하는 보고를 말한다. 관련 양식을 미리 살펴보고 보고서에 포함해야 할 활동들이 무엇인지 숙지할 필요가 있다. 권사에게 주어진 기대가 무엇인지 미리 파악하고 그러한 기대에 합당한 사역을 한다면 보고서 제출에 어려움이 없을 것이다.

5. 권사 직무의 축복

하나님은 하나님 나라 백성의 삶에 주목하신다. 교회 임원이 되어 기쁨으로 수고하는 모습을 면밀하게 살펴보신다. 소자에게 냉수 한 그릇 대접한 것조차 잊지 않는다고 말씀하셨다. 그리고 그에 합당하게 보상하겠다고 약속하셨다.

권사로 임명된 이들 모두 직무를 기쁨으로 잘 감당하여 하나님 앞에 서서 크게 칭찬받기를 소망한다.

임원과정 교육교재

섬기는 하나님의 사람

집사와 권사 개정판

펴 낸 날 | 2020년 12월 7일(1판 1쇄)
2022년 1월 24일(2판 1쇄)
2026년 1월 15일(3판 1쇄)

펴 낸 이 | 김정석

엮 은 곳 | 기독교대한감리회 교육국

집필위원 | 고성은 김민석 안규진
이사야 임용택 황현숙

감 수 | 왕대일

펴 낸 곳 | 기독교대한감리회 도서출판kmc
서울특별시 종로구 세종대로 149 감리회관
대표전화 02-399-2008 팩스 02-399-2085
http://www.kmcpress.co.kr

등 록 | 제2-1607호(1993. 9. 4.)

제 작 | 디자인통

값 7,000원

ISBN 978-89-8430-166-5 13230